三毛传

雨季不再来

蔡静 ◎ 著

台海出版社

图书在版编目（CIP）数据

三毛传：雨季不再来 / 蔡静著. — 北京：台海出版社，2024.10. — ISBN 978-7-5168-3972-0

Ⅰ.K825.6

中国国家版本馆 CIP 数据核字第 2024CM8966 号

三毛传：雨季不再来

著　　者：蔡　静

责任编辑：曹任云　　　　　　封面设计：颜森设计

出版发行：台海出版社
地　　址：北京市东城区景山东街20号　邮政编码：100009
电　　话：010-64041652（发行，邮购）
传　　真：010-84045799（总编室）
网　　址：www.taimeng.org.cn/thcbs/default.htm
E-mail：thcbs@126.com

经　　销：全国各地新华书店
印　　刷：三河市嵩川印刷有限公司

本书如有破损、缺页、装订错误，请与本社联系调换

开　　本：880毫米×1230毫米　1/32
字　　数：118千字　　　　　　印　张：5.875
版　　次：2024年10月第1版　　印　次：2024年10月第1次印刷
书　　号：ISBN 978-7-5168-3972-0

定　　价：39.80元

版权所有　翻印必究

序言
Prologue

不要问我从哪里来

我的故乡在远方

为什么流浪

流浪远方　流浪

为了天空飞翔的小鸟

为了山间轻流的小溪

为了宽阔的草原

流浪远方　流浪

还有　还有

为了梦中的橄榄树　橄榄树

不要问我从哪里来

我的故乡在远方

为什么流浪

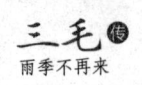

为什么流浪远方

为了我梦中的

橄榄树

耳边每次响起三毛作词的这首《橄榄树》时,我的眼前便会浮现出一名衣着简朴、背着行囊的女子,她孤身一人,行走在苍茫的大漠中,任大风吹乱秀发,执着地向着太阳升起的地方走去。

也许她曾走过千山万水,也许她曾伫立在天涯海角,她背负着信仰和人生的使命,胸膛中跳动的是一颗无畏流浪的心,为了爱,为了宣泄那份世人难以理解的孤独。

还记得在《爱马》里,三毛用一贯灵动的笔调写道:"我有许多匹好马,是一个高原牧场的主人。至于自己,那匹只属于我的爱马,一生都在的。常常,骑着它,在无人的海边奔驰,马的毛色,即使在无星无月的夜里,也能发出一种沉潜又凝练的闪光,是一匹神驹。"

匆匆背起行囊,不问归宿,只是任性地骑着马,一直走下去,从地球的一端,走到另一端,陪伴她的,是她内心深处永远也不会屈服的灵魂。这就是三毛,我眼中的三毛,一个行走在现代社会文明下的"堂吉诃德"。

没有一个地方可以让三毛长久地停留,她喜欢那种无拘无束、任性漂泊的感觉,让与生俱来的孤独和忧伤,在旅程中随意播撒。远方的高山、大海、沙漠、绿洲，是她心灵栖息的港湾，虽然不知道终点还有多远，她始终义无反顾地走下去，无怨无悔，只为最后能迎风高歌：我来了！我来过！

这就是三毛，当代著名女作家，一名永远行走在路上的孤独使者。

她的文字，没有空洞的造作和浮华，没有无关痛痒的呻吟，没有修饰痕迹强烈的华丽辞藻，更没有自怨自艾的悲悲切切，她只是用心去写，用灵魂去触摸生活的点点滴滴，将丰富多彩的情绪凝结在单薄的笔尖，然后呈现在亿万读者的面前。

简单，是她写作的全部；率性，是她生活的全部。其实很多时候，我们也分不清楚她是在简单地生活，还是在率性地写作着。

这就是三毛，从从容容的三毛，活在无数读者心目中的三毛。尽管每个人的心目中，都有一个自己想象出来的三毛，不过这并不影响大家对她的喜爱和追捧。

也许，三毛没有出众的容貌，"倾国倾城"和她没有半点的关系，可是她的淡雅和随性，"腹有诗书气自华"的内在素养，却让她成为无数人心目中最美的女神。

在人生的这段旅程中，三毛很快走到了路程的尽头。她四十八岁就香消玉殒，像极了大海里的一朵浪花，一个转瞬，就融入无边的风浪之中，随即风平浪静。

只是，她身后的回响，却随着海燕的嘶鸣，迎着风雨，飘

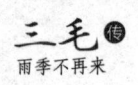

荡在更高的天空中。

有时想,哪里才是生命路程的尽头呢?如果以存活的长度来衡量,六十岁,七十岁还是八十岁?似乎从来不会有一个确切的数字。事实上我们更在乎的,是生命的质量,生命的深度和广度,如果以此为标准,三毛比很多人的生命更有价值,更有质量,也更有意义。

她用短短的一生,告诉了人们,什么是爱情的精髓,什么是生活的真谛。或平淡相守,或轰轰烈烈,我只爱我的选择。

没有答案的答案,无须评判的评判,这就是三毛!这也或许是我喜爱三毛的原因吧!

目 Contents 录

第一章 雨季少女
一个机灵顽皮的小女孩…………002
老师眼中的另类女学生…………006
在艺术的殿堂里逐梦……………014

第二章 炙热的青春
不懂爱的年纪却遇到了爱…………020
异国求学………………………………024
爱情的预见……………………………027
爱的乱音符……………………………034
我还在这里静静地等候……………043

第三章 让人痴迷的撒哈拉
奔向撒哈拉……………………………050
神圣的婚姻殿堂………………………054
为了爱甘心守候平凡的日子………061
打造属于他们的"爱情之舟"……065
有趣且充满风险的撒哈拉…………073
角色多变的三毛和撒哈拉…………083
热情的三毛和她要好的朋友………091

第四章 梦里依稀花落

动荡的撒哈拉……………………… 102
又一次难忘的蜜月旅行…………… 106
回家………………………………… 111
没有人可以欺负我们……………… 116
情到深处是无声…………………… 119
连一声再见都来不及说…………… 130
为了承诺而活着…………………… 138
荷西,让我陪伴在你身边好吗…… 143

第五章 周游世界的日子

重回家乡的三毛…………………… 150
在地球的另一端流浪……………… 154

第六章 俗世红尘

站在了三尺讲台之上……………… 158
失落的感情何去何从……………… 161
寻根之旅,新的开始……………… 164
三毛和西部歌王…………………… 169
以另一种生活形式活着…………… 176

第一章 雨季少女

　　生命有如渡过一重大海，我们相遇在这同一的狭船里。死时，我们同登彼岸，又向不同的世界各奔前程。

——泰戈尔

一个机灵顽皮的小女孩

1943年,一个明媚的春日,坐落在嘉陵江畔的山城重庆,一个名叫黄角桠的地方,亲人们正静静地等待着一个新生命的诞生。

当嘹亮的婴儿哭声划破了春日的宁静时,久久等候在外面的陈嗣庆,旧时代一个典型的知识分子,紧皱的眉头也终于舒展开来。这名婴儿,是他和妻子缪进兰的第二个女儿。他们的第一个女儿,名叫陈田心,长二女儿两岁。在烽火连天的抗战岁月里,他们给二女儿取名陈懋平。一个小姑娘的人生序幕就此拉开。

"懋"是族谱上辈分排序的字,而"平",则寄寓着陈嗣庆内心美好的愿望:愿山河无恙,愿珍贵的和平早日到来。

在陈嗣庆夫妻眼中,这个相貌普通的女孩,和其他女孩相比,没有什么特别之处,如果非要说有区别的话,或许女儿性格里透着的顽皮机灵,和周围的同龄小女孩略有不同,不过,也仅此而已。谁知在数十年后,这个蹦蹦跳跳、茁壮成长的小女孩,却成了世界著名的大作家,她就是三毛。

三毛出生后,日子在平平淡淡中过去,至少在那个动乱的年代,家境良好的三毛,不用为衣食发愁。三毛三岁那年,作为法律系高才生的陈嗣庆来到南京,在这里开设了一家律师事务所,三毛随着母亲也一起搬了过去。鼓楼头条巷4号一幢宽敞的西式宅院,容纳了三毛小半个童年,在这座历史底蕴深厚的城市里,三毛度过了她人生中最为灿烂的一段时光。

三岁的三毛,对这个世界已经有了自己初步的认知,最直接的体现,她感觉自己名字中"陈懋平"的"懋"字太难写了。不管父母同不同意,此时已经初具率性性格的她,直接将名字改成了"陈平"。

简单,是这个世界的终极法则!三毛虽然还未能理解如此深奥的哲学问题,不过在潜意识里,她已经懂得了简单背后的轻松和自由。

对于三毛改名字的行为,父亲陈嗣庆倒也没说什么,或许是他工作太忙,顾不上去批评和纠正;或许他认为只是一件微不足道的小事,顺着她就可以了。他感到奇怪的是,他的这位二女儿,不爱花红头饰,她所爱的,是书和奇妙的大自然。

三毛的灵动,在她的一言一行中得到了充分的体现。"爸爸,人们为什么弄死蚂蚁呢?难道它不是一个小生命?"怜悯蚂蚁的她,却又对宰羊这样一个有些"血腥"的场面痴迷万分。每每遇到宰羊的场景,她这个小小的看客,便从头看到尾,乐此不疲。

率真和感性,是三毛身上最为鲜明的标签,而日常生活中她细致入微的观察力,也常常让陈嗣庆感到吃惊!

有一次,陈嗣庆的一位朋友远道而来,三毛跟着父亲去迎接,她在一边认真地聆听着大人们的寒暄。不一会儿,趁着客人取物品的空隙,三毛悄悄告诉陈嗣庆:"爸爸,我感觉这位叔叔的家里刚刚死了人。"

虽说童言无忌,陈嗣庆还是赶忙制止三毛说下去,甚而还用凌厉的眼神看了她几眼。

哪知落座后一番长谈,客人谈到自己的儿子,突然热泪长流。细问之下,陈嗣庆才从对方口中得知儿子去世的消息。震惊之余,陈嗣庆看向一边三毛的目光,更多的是惊疑和不敢相信。

都说敏锐的观察力,是一个人能否成为一名合格作家的重要标准之一,如果以此来评判三毛,她自小展露出来的敏锐观察力,令人惊叹。她后来细腻婉约的笔风,自然和她的这一天赋密不可分。

三毛就是这样一个喜欢观察的小女孩。她对身边的一切都倍感好奇,常常沉迷其中,忘记了时间的流逝。一只从头顶飞舞而过的蜻蜓,盘旋在天空的燕子,路边一只可怜兮兮的流浪狗,都能吸引她追逐的目光。

更令人惊叹的是,小小的三毛,竟然敢在阴森的坟场玩泥巴。母亲缪进兰找到她后,也百思不得其解。一个小女孩怎么会有这么大的胆量呢？

这段宁静且充满无穷趣味的童年生活，在三毛的脑海中留下了深深的印记。然而，在看似平静的生活背后，也潜藏着不可忽视的致命危机。

有一次，三毛在院子里的大水缸旁边玩耍。或许是好奇心驱使她去看看水缸底部究竟有什么事物，或许是脚下打滑，不管原因究竟如何，结果是她掉进了水缸里。头朝下，像倒栽葱一般。

院子里的动静惊动了在屋子里吃饭的大人。父亲陈嗣庆赶忙跑出来一看，才发现女儿的性命危在旦夕。他一个箭步过去，将正在水缸里挣扎的三毛抱了出来。如果换作一般小孩子，因为受惊会哇哇大哭，可是三毛没有，她嘴里反而念着"感谢耶稣基督"。这种镇定，让周围的大人们都感到吃惊。在吃惊之余，又暗自佩服她小小年纪却有如此难得的冷静性情。

快乐的童年时光总是短暂的。1948年，三毛和父母以及伯伯陈汉清一家，从南京出发到上海，登上了一艘名叫"中兴"号的轮船，奔赴宝岛台湾。

这一年，三毛还不足六岁。

老师眼中的另类女学生

来到台湾后,三毛一家住进了台北建国北路朱厝仑一幢屋宇内,这是三毛一家人新生活的开始。顽皮的三毛很快适应了新的环境,忙于工作的父母,无暇分出太多的精力去照顾三毛,于是早早地将她送到了学校里。

这一年是1948年,三毛带着好奇和激动,踏入了"台北国民"小学的校门。可是这段最初的学校生涯,带给三毛的是痛苦的回忆。她叛逆的个性,让她迅速成了学校老师眼中的"问题小孩"。

喜爱文学的三毛,在学校里却受到了极大的"束缚"。家里面,爱阅读的父母为孩子们购买了一大堆少儿读物,《格林童话》《安徒生童话集》《爱丽丝漫游仙境》《木偶奇遇记》等等,各式各样的图书摆满了大半个书柜。

除此之外,古典文学也让三毛从中汲取到了宝贵的人文素养。《红楼梦》《孽海花》等,从小说到诗词赏析,每一本典籍,三毛都能让自己的全部身心沉浸其中,她如饥似渴地读着、思考着。

当时台北有一家书店,里面摆放着的是最新出版的各类杂志,以及长长一排的世界名著。三毛硬是采用租借的方式,把这些名著一本一本读完了。

然而在学校里,她阅读的嗜好以及张扬的个性,却让老师和同学们报以异样的目光。

三毛还记得第一次踏入学校校门时发生的事。在课堂上,她领到了崭新的语文课本。早已有深厚阅读功底的三毛,对书本中的文字几乎全部认得。因此带着自信和骄傲,她跑过去对老师说:"课本里面的知识实在是太浅了些,应当再深奥一点。"

听了她的话语,老师像是发现了外星人一般,瞪着眼睛盯着她看了半天,终于确定眼前的这个"小怪物"是在自我"炫耀"后,对她一顿责骂,迫使三毛垂头丧气地返回了座位。

三毛的姐姐陈田心对于妹妹在小学时期"惊世骇俗"的表现,曾回忆评价说:"我的这个妹妹,向来不愿墨守成规,敢于打破传统,也敢于对强加在她身上的惩罚说'不'。有时候脾气上来了,以逃课的方式来抗议。"

自诩"文章第一"的三毛,在学校里总是遭受这样不公正的对待。有一次,老师让三毛朗读自己的作文,三毛抑扬顿挫地朗读起她人生的理想:长大之后,希望做一位拾荒的人,自由自在,呼吸着新鲜的空气,行走在大街小巷,天下快乐的飞鸟也不过如此。而且从事拾荒这一职业,还能够发现很多被人们舍

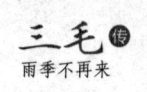

弃的有用物品，能变废为宝，无疑也让人的一生充满了快乐……

满以为这篇文章写得流畅自然、直抒胸臆，一定会得到老师的表扬，谁知换来的却是老师远远扔过来的黑板擦。幸亏三毛机灵躲得快，逃过一劫，她身边的同学只好自认倒霉，"代为受过"了。课后三毛被老师留下来，说文章不合题意，理想不够宏大高远，要求她重新构思一篇。

三毛的第二篇作文，描绘的职业理想是关于小商贩的，换回来的依然是老师的批评和责骂。最后无可奈何的三毛，以"济世救民"的笔吻写了一篇"高大上"的小文章，老师的脸上才露出了笑容。

是我错了呢，还是老师错了呢？作文风波过后，三毛一直在苦苦思索着这个问题，最后她得出结论：是老师错了！不能够按照自己的意愿写出真实有感的文章，反而去写一些虚伪应景式的文章，一定是老师错了。

叛逆，继续叛逆下去！在懵懂的少女时代，早熟的三毛，在十一岁的时候，不知不觉间经历了一场朦朦胧胧、似是而非的爱情。

对方是学校里的一名小男生，两人相识在学校举办的一场同乐会上。三毛和他一起出演话剧《牛伯伯打游击》，虽然其间两人一句话也没有说过，只是按照剧情的设定做着规定的动作，然而彼此间的默契配合，却拉近了双方心灵上的距离。那名青涩的少年，由此经常出现在她神秘的梦境里面，她暗暗想：

长大之后，一定要成为少年的妻子。

很快期末考试的成绩出来了，三毛有多门功课不及格。羞愧的她，面对老师的追问，只是一个劲儿地哭。同学们却纷纷嘲笑她和男生谈恋爱。在那个封闭保守的年代里，男女坐在一起，也要在课桌上画上界线，三毛被人如此嘲笑，愤怒的她，冲上前去和讥笑她的男生大打出手。

一场"武斗"过后，三毛的"恋情"也就悄无声息地结束了。许多年后，当三毛翻开当年毕业的相册时，那名青涩的少年成了她记忆深处一抹甜蜜而又痛苦的回忆。

大约在四年级的时候，有一次三毛在大街上行走，迎面遇上了一头发狂的牛。危急时刻，在附近出操的队伍里，一名士兵冲了出来，将三毛救了下来。这名士兵，是军营里的一名哑巴炊事兵，这件事情过后，两人成了忘年交。

闲暇时，三毛教士兵读书认字，和他一起玩游戏。而哑巴士兵则负责照料三毛的生活，帮她背书包，提开水。当三毛的老师得知消息后，对三毛又是一番苦口婆心的劝导，他告诉三毛，哑巴士兵居心不良，女孩子要多一个心眼来保护自己。

后来哑巴士兵要随部队到别处去，临行前，他不顾老师的阻拦，强行冲进教室，将一张写着联系方式的字条和一大包牛肉干给了三毛。可惜的是，字条被老师给销毁了，牛肉干也成了老师宠物狗的食物。

多年以后，三毛回忆起这段往事，依旧为当年懦弱的自己

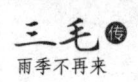

而自责，自责没有勇气从老师手中夺回那张字条，从而让人生留下了无尽的遗憾。

对这段学习岁月，三毛在《蝴蝶的颜色》一文中曾这样描述："回想起小学四年级以后的日子，便有如进入了一层一层安静的重雾，浓密的闷雾里，甚至没有港口传来的船笛声。那是几束黄灯偶尔挣破大气而带来的一种朦胧，照着鬼影般一团团重叠的小孩，孩子们留着后颈被剃青的西瓜皮发型，一群几近半盲的瞎子，伸着手在幽暗中摸索，摸一些并不知名的东西。"

1954年，三毛进了台北省立第一女子中学，这是台湾教学质量最好的女中。然而沉迷于小说的三毛，只忙着阅读世界名著，书写阅读体会。比如在细细阅读了《红楼梦》后，三毛写下了自己的心得体会："当我初念到宝玉失踪，贾政泊舟在客地，当时，天下着茫茫大雪，贾政修家书，正想到宝玉，突然见到岸边雪地上一个身披猩猩大红氅、光着头、赤着脚的人向他倒身大拜下去，贾政连忙站起身来要回礼，再一看，那人双手合十，面上似悲似喜，不正是宝玉吗？这时候突然上来了一僧一道，挟着宝玉高歌而去——'我所居兮，青埂之峰；我所游兮，鸿蒙太空；谁与我逝兮，吾谁与从？渺渺茫茫兮，归彼大荒！'当我看完这一段时，我抬起头来，愣愣地望着前方同学的背，我呆在那儿，忘了身在何处，心里的滋味，已不是流泪和感动所能形容。我痴痴地坐着，痴痴地听着，好似老师在很远的地方叫着我的名字，可是我竟没有回答她。"

在小说上花费了大量的时间,这也导致三毛的其他功课不是太好,老师为此没少批评她,这让三毛对省立第一女子中学的印象一直很差,认为这是一所束缚了她自由天性的"监牢"。

在老师多次的批评下,数学成绩最差的三毛,开始努力补习这门功课。很快,她的数学成绩追了上来,几次小测试,也都取得了不错的成绩。老师怀疑三毛作弊,故意为难她,给了她一张难度非常高的数学试卷,这次三毛考了零分。

抓到了"把柄"的老师,在三毛的眼睛周围画了两个黑眼圈,同学们像是看见一只奇怪的动物一样,发出尖叫声、欢笑声,备受屈辱的三毛,想到了逃学。

三毛逃学的目的,不是躲避学习,而是能够有一个属于自己的更为安静、更为安全的环境,让她好好沉浸在自己的小说世界里。她认为如果再继续在省立第一女子中学待下去,也许自己的文学天赋会被无情地摧毁。她必须做出一个勇敢的决断。

三毛在多年之后,回忆起这段求学时光时,依然愤愤不平地写道:"一群几近半盲的瞎子,伸着手在幽暗中摸索,摸一些并不知名的东西。"学校,让崇尚自由和特立独行的三毛,倍感窒息。

三毛选择逃学的第一个目的地,是六张犁公墓。这里由陈济棠先生的墓园、阳明山公墓以及其他不知名的墓葬组成,地处偏僻,环境清幽,远离喧嚣,三毛独处其中,安安静静地读书,她认为在这个世界上,没有比此刻能够安心读书的她更为幸福的人了。沉浸在书的海洋里，忘记了世俗的烦恼和讥笑，这才是最为美好的精神享受。

不过三毛非常"聪明"，她往往逃几天课，尔后前往学校里报到一天，以免引起老师的怀疑。

这种方法，让三毛度过了一段自以为自由自在的生活，不过过了一段时间，她的小把戏还是被学校给觉察了，然后学校通知了三毛的父母。

陈嗣庆夫妇对待子女的教育非常宽容，对于三毛的行为，父亲没有过多地责骂她，只是偶尔在她面前叹口气，仅此而已。母亲得知三毛的情况后，有一段时间，她亲自送三毛上学，一路上母女之间也没有过多的话语，但三毛从母亲哀求的眼神里，读出了她的担忧和不安。即便如此，气氛压抑的教室，依旧是三毛最不愿意长久待下去的地方。

第二学年的时候，三毛转学了。在父亲的安排下，她进入了台北市立第一女子高级中学学习。三毛心里其实也明白父母这样辛辛苦苦，全是为了她的未来着想，不过张扬的个性和已经成型的叛逆性情，让三毛在新的学习环境中依然我行我素。一旦在学校里坐不住，她就跑到图书馆中读书，一直到天黑才回家。

看到三毛无心在学校里待下去，父亲陈嗣庆只好暂时为她办了休学手续。躲在家中的三毛，精神极度萎靡，和家中的姐妹们都不来往，过着自我封闭的生活。慢慢地，三毛竟然患上了妄想症，幻觉中有人在迫害自己，为此她曾做出割腕自杀的惊人举动。

还好被家中大人发现及时送医,手腕在医院里被缝了二十八针,总算死里逃生,大难不死。后来在《蓦然回首》一文中,三毛如此写道:"回想起来,少年时代突然的病态自有它的原因,而一场数学老师的体罚,才惊天动地地将生命凝固成那个样子。这场代价,在经历过半生的忧患之后,想起来仍是心惊,那份刚烈啊,为的是什么?生命中本该欢乐不尽的七年,竟是付给了它。人生又有几个七年呢!"

或许那时候的三毛,太绝望、太痛苦、太自闭了,所以才导致精神上出现了问题。然而少女时期的这一行为,却对三毛日后人生归宿的选择,产生了极大的影响。

幸好觉察到三毛心理出了问题的陈嗣庆夫妇,很快给予了三毛很大的关怀和安慰。尤其是父亲陈嗣庆,每天下班后,就陪着三毛一起读书。两个人坐在藤椅上,一起阅读,一起分享阅读的心得,这种美好始终铭刻在三毛的父亲陈嗣庆的记忆深处。当三毛为了梦中的橄榄树而选择流浪时,陈嗣庆每每想念女儿,脑海里就会升腾起父女共坐、一起读书的画面。

这一段休学时光,也让三毛收获颇丰。家中存满了从各个地方购买来的文学书,各种版本的经典名著,它们成了三毛少女时代最好的朋友。

在艺术的殿堂里逐梦

对美术的热爱，是三毛在休学期间培养出来的另一种炙热的兴趣。

从小学时起，三毛就对美术表现出了非同一般的喜爱，不过那时候她理解中的美术，也只是一些花花绿绿的图画，而真正认识到美术背后所蕴含的精髓，还要感谢她的堂哥陈懋良。

有一次，陈懋良给她带来了一本毕加索的绘画册。在翻开绘画册的那一刻，三毛整个人就惊呆了。在毕加索的笔下，生命的张力得到了充分的渲染，那种抑郁色调背后所体现出来的不屈和昂扬，使得三毛在一瞬间就将毕加索引为知己，甚而有一种想要献身给他的冲动。

在这段休学的时光里，在姐姐的生日宴会上，当三毛的美学审美受到过毕加索的冲击和洗礼后，再次见到顾福生徒弟创作的油画，她立时被对方高超的绘画技艺深深吸引住了。

宴会那天来了一名叫陈骕的男孩，他当着众人的面，画了一幅战争画，画的内容和印第安人有关。其他人看了几眼就离开了,只有三毛看了又看。她的行为引起了陈骕的注意。

陈骕告诉他,他师从顾福生学习绘画。顾福生是台湾"五月画会"的核心人物,名气非常大。三毛心动了,想通过陈骕,拜顾福生为师学习绘画的技巧。

在一处满是杜鹃花的院子里,三毛第一次见到了这位她仰慕已久的大画家。当时的顾福生,身上穿着一件鲜红的毛线衣,令三毛眼前一亮。

跟随顾福生学习绘画,对于没有任何美术基础的三毛来说,也颇费周折。顾福生是一位好老师,尽心尽责,不厌其烦地教授三毛,可是三毛却力不从心,笔下的事物,总也没有一个清晰可见的轮廓。

自感没有绘画天赋的三毛,只得在两个月后对顾福生说:"实在是抱歉,以后我还是不来打扰您了。"

顾福生不以为意,微笑着说:"你才多大年纪啊!不急,慢慢来就可以。"

一句轻轻的安慰,让三毛哭得梨花带雨。从此之后,顾福生调整策略,三毛没有灵感的时候,从不强迫,让她观看自己以前的画作,从中寻找灵光闪现的那一刹那。

除了绘画,顾福生还将自己订购的《现代文学》等杂志,让三毛带回家阅读。

原来在绘画之外,自己和老师还是文学上的知音啊!早就熟稔《现代文学》大名的三毛,内心深处不由生出了无限欢喜。

在以后的日子里，三毛也将自己写作的文章带来给顾福生看。谁知有一次，顾福生突然不经意地对三毛说："你的稿件可以发表在《现代文学》月刊上，是白先勇老师推荐的，可以吗？"

三毛顿时呆住了！想不到自己的业余之作，竟然能够有幸被大名鼎鼎的《现代文学》选中，而且还是久负盛名的白先勇老师推荐的，那一刻，三毛感觉这个世界有些不真实起来。再三确认后，三毛幸福得蹦了起来，那份狂喜，外人无法体会。

这一篇由三毛写就的文章，名字叫《惑》，刊登在1962年《现代文学》第十五期上。在名家荟萃的《现代文学》上面，有王文兴、欧阳子（洪智惠）、陈若曦（陈秀美）、戴天（戴成义）、林湖（林耀福）、谢道峨、何欣等闻名一时的文学家，诗人，翻译家。她的名字终于第一次和这些自己心目中无比崇拜的大家并列在了一起。

也许正是从那时起，从她写的文字变成铅字登载出来后，她内心深处的创作梦想才得到了真正的激发。这就好比一粒沉寂在泥土中的种子一样，外面春风和春雨的温柔呼唤，终于使得它悄悄伸展着稚嫩的叶片，向着阳光，向着蔚蓝的苍穹，努力生长。

受到鼓舞的三毛，很快又创作了一篇名叫《异国之恋》的爱情故事，也顺利地被报社给录用了。由此一发而不可收，《皇冠》《极乐鸟》《雨季不再来》《一个星期一的早晨》等文章，先后见诸报社期刊的页面。

也就是在这一年，三毛取了"Echo"的笔名，这是希腊神话中一位女神的名字。

在她师从顾福生学习绘画第十个月的时候，顾福生郑重地对三毛说："再过几天，我就要远赴巴黎了，这段师生情谊也就到此为止了。"

尽管对老师有万般不舍，但小小年纪的三毛又有什么办法呢？在极度的失落中，她送走了老师。自此分别后，两人再次相见是在1982年，那时的三毛，已经因《撒哈拉沙漠》而名满天下，但在顾福生眼里，站在他面前的三毛，还是那个乖巧可爱的小姑娘。

顾福生临走前，将她托付给了一个叫韩湘宁的人。在三毛的生命印记里，这是被她称为"小王子"的那个人。

韩湘宁个性开朗，他的快乐情绪和生活理念，让三毛如沐春风。他除了教授孩子们绘画，还带着大家去野外写生，看电影，欣赏舞台剧。因为常爱穿白衬衣，三毛才给他贴上了"小王子"的标签。

可是这段快乐的绘画时光也没有持续多久，不久后，韩湘宁在前往美国的时候，将三毛介绍去了彭万墀的画室。

那一年，三毛十九岁。

稳重严肃的彭万墀老师尽管只有二十多岁，可是教授学生非常严格。从他身上，三毛常常感受到长辈关爱的味道。在他严厉而又不失慈爱的指导下，三毛获得了生平第一次的绘画奖项。

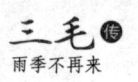

多年以后,三毛在《我的三位老师》一文中曾如此深情回忆说:"我只有将自己去当成一幅活动的画,在自我的生命里一次又一次彰显出不同的颜色和精神。这一幅,我要尽可能去画好,作为对三位老师交出的成绩。"

随后她又写道:"今天,能够好好活下去,是艺术家给我的力量,他们是画家,也都是教育家,在适当的时机,救了一个快要迷失到死亡里去的人。"

第二章 炙热的青春

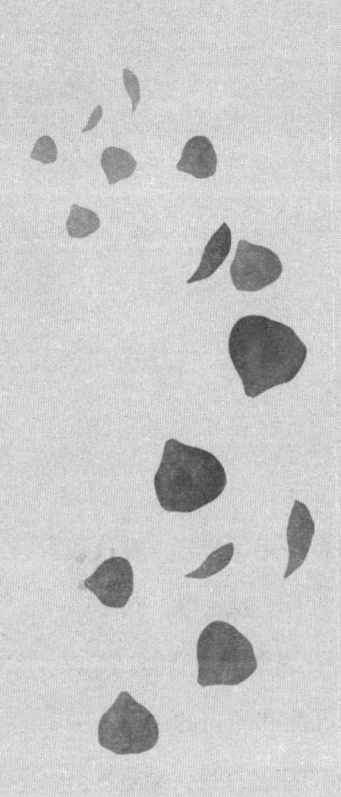

在这城市里,我相信一定会有那么一个人,想着同样的事情,怀着相似的频率,在某站寂寞的出口,安排好了与我相遇。

——三毛

不懂爱的年纪却遇到了爱

七年光阴,三毛终于从自闭症的阴影中走了出来。在这段对三毛来说无比珍贵的岁月里,她飞快成长。从文学、历史、绘画、音乐等科目中,三毛汲取到了人生丰富的知识营养。

"腹有诗书气自华。"凭着岁月的沉淀和知识的滋养,三毛出落得气质高雅,娴静如水,加上得体的穿着打扮,绿毛衣,红皮鞋,青春靓丽,使得三毛成了一名人见人爱的知性女子。

很多追求三毛的男孩,出现在了三毛的青春岁月里。

在这些男孩中,令三毛记忆深刻的有好几个。

不知从何时起,三毛的信箱中,多了一封淡蓝色的信件,里面写满了男孩对三毛炽烈的热爱。信件一星期一封,一连持续了几个月。

终于在一天午后,三毛得见真人。对方是附近一所大学的学生,他一个人静静地站在街角的电线杆下,眼神平和。三毛内心忐忑,不过却装出一副平静的样子,目不斜视地从他身边走过。直到走出很远以后,三毛才回头不经意地向他投去一瞥。

不过，也仅此而已，对于男孩数十封的来信，她却一封也没有给对方回过。

两年后，男孩毕业，准备离开这里返回香港，这时他又提笔给三毛写了一封信，信中详细告知了三毛自己的联系方式，并热切地表示，给三毛时间考虑，一年、二年、三年都可以，他会一直等着她。

此时的三毛无心恋爱，爱情对她来说还是一件遥远的事，所以这封信，连同那名男孩子期盼的心一起石沉大海。

处于青春期的三毛，也有心动的时候，也会为心目中久违的"白马王子"心动不已。

三毛真正意义上的初恋，是在她于文化学院读书时开始的。在那里，她遇到了现实中一个真正能够吸引她的男孩。对方名叫梁光明，笔名"舒凡"，学习戏剧专业，在文学创作方面也颇有才华，出过两本文学集，是学校女孩子心目中的"才子"。

一开始，三毛只是出于欣赏，将他写作的书拿来翻看。谁知一读之下，就立即被对方的才华给彻底征服了。用三毛的话说："如同耶稣的门徒跟随耶稣一样，他走到哪里我就跟到哪里。他有课，我跟在教室后面旁听；他进小面馆吃面条，我也进去坐在后面。"情不自禁的三毛，主动发起了对男孩的追求。

命运是公平的，对其他男孩子爱搭不理的三毛，这次充分感受到了什么是"备受煎熬"的滋味。舒凡对于来自三毛的示好视而不见，在他的眼里，三毛仿佛空气一般。

要强的三毛,选择了以发表文章的方式来吸引对方的注意。当她自以为时机成熟时,就邀请同学们一起聚会,其中自然也有舒凡,而且对于三毛而言,主角也是舒凡。可惜整场聚会,三毛和舒凡的话语交流屈指可数,但没想到,聚会散场,失落的三毛在学校操场的僻静处,却看到了舒凡等候的身影。

怀着无比激动的心情,三毛害羞地走上前去,鼓足勇气在对方的手心里写下了家里的联系方式。下午时分,三毛请假回家,一直寸步不离地守着电话机,中间不知道接错了多少个电话,直到她等来了那个熟悉的声音。

两人就此开始约会,开始了一段难忘的青春之恋。

对于这段刻骨铭心的初恋,三毛曾这样"豪情万丈"地说道:"在这样的年纪里,如果没有爱情,就是考试得了一百分,也会觉得生命交了白卷。我不管这件事有没有结局,过程就是结局。让我尽情地去做,一切后果,都是成长的经历,让我去,让我去!"

爱情之于生命,就如水之于鱼儿。如果在大好的青春年华,没有一场轰轰烈烈的爱情经历,这一段生命的历程将是多么枯燥乏味。勇敢大胆地去追求、去爱恋,不管结果如何,都要有这样的一个过程,只为自己将来的人生不留遗憾。

对于这段爱情,用成语"飞蛾扑火"来形容三毛是最恰当不过的了。三毛无怨无悔,顽强执着地爱着舒凡,在两人相恋的日子里,连呼吸的空气都是甜丝丝的。

世间所有的美好,都是短暂的。三毛无比珍视的这份初恋,在开花之后，面临即将凋零的结局。

三毛升入大三时，舒凡即将毕业了。她多么希望舒凡马上就能够将她娶走，让她成为他美丽的新娘。不过在感情上冷静的舒凡，却对三毛的炙热毫无回应。

难道真的就要分手了吗？惶恐的三毛，决定采取"以退为进"的策略。她告诉舒凡，自己将要出国读书了。如果舒凡在乎她，爱恋她，一定会苦苦挽留她的。

令三毛失望的是，舒凡没有像她想象中那样痛不欲生，冷静是舒凡一贯的特征。尤其是当舒凡说出祝福三毛异国学习愉快的话语时，泪雨滂沱的三毛知道，他们的爱情就此结束了。在这场不平等的爱恋之中，三毛是一个彻底的失败者。一时间，失去理智的三毛，声嘶力竭地冲着对方大喊大叫："我们完了，梁光明，我们完了。"

这段缘分，终究是一场没有结局的欢聚。很快，带着分手伤痛的三毛，登上了飞往西班牙马德里的班机。未来会怎样呢？三毛呆呆地看着窗外的蓝天，陷入了沉思。

异国求学

1967年,三毛只身一人来到了异国他乡,在马德里大学文哲学院进修。这一年,三毛二十四岁。

西班牙这个国度,三毛是第一次踏足,然而在精神层面,三毛却神往已久。少女时代毕加索震撼人心的绘画杰作,始终是三毛心中最深的印记之一。

刚刚来到西班牙的三毛,无法和当地人交流沟通。三毛从来不会认输,经过半年刻苦学习,她就具备了和当地人自由交流的能力。越过了语言障碍的三毛,终于有心情去尽情地感受这里极富浪漫色彩的文化气息了。

在马德里这座拥有浓厚人文情调的城市,三毛沉浸其中,她爱上了歌剧,迷上了绘画和雕塑,此时的她,就像是一个刚刚走出沙漠的饥渴者,贪婪地大口大口吞咽着甘甜的知识源泉,用她的话说:"闭上眼睛,画中人物衣服上哪一条折痕是哪一种光影都能出现在脑海里。也不止这些,这些是表象,而表象清楚之后,什么内在的东西都能明白。那份心灵的契合,固然在于那是一个快乐的教室,也实在算是用功,也算是一大场华丽的游戏。"

除了马德里,西柏林也是三毛获取宝贵知识的一个人生驿站。

1969年,她来到了西柏林,在这里,努力进取的三毛,获得了丰厚的回报,仅仅几天的时间,三毛就拿到了歌德学院最优生的初级班结业单。

为了节省开支,三毛谢绝老师让她好好休息的建议,继续奋力冲刺,进入了中级班学习。不过在一次考试测验中,三毛遭遇了学习生涯中的另一次"滑铁卢"。德文听写训练,三毛的成绩不太理想。

当时她在德国刚结交了一名男友,三毛拿着试卷向男友寻求安慰,谁知对方却冷冰冰地说:"将来你是要做外交官太太的,你这样的德文,够派什么用场?连字都不会写。"

男友的一席话,如一盆冷水兜头浇来,她不仅没有得到安慰和鼓励,反而遭受了一顿刻薄的奚落。也许在这位德国男友的心目中,他从来没有将三毛当成真正的女友,他的言语,冒犯了一名女性所拥有的独立人格。

三毛回到住处,第一次痛痛快快地哭了一场。她回想这段留学生涯,日子拮据,感情不顺,这样的高压,超出了三毛所能承受的极限,她需要一场酣畅淋漓的发泄。

哭过之后,摆在三毛面前的是一个两难的选择:是继续留

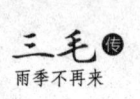

在西德，还是选择去东德散散心呢？

经过再三的思虑，三毛决定办理东德的签证，去看一看另一个世界中的德国。在办理签证的过程中，三毛遇到了麻烦，最后还是一名东德军官出面帮助她解决了难题。直到一切手续办理结束，三毛才有心情打量对方，那一瞬间，三毛发觉这名年轻军官是如此英俊。而年轻的军官，也对她报以微笑，并用德语说："你是一个漂亮的女子。"

从东德返回西德时，三毛再次和那名年轻的军官"不期而遇"。三毛知道，所谓的不期而遇，其实是这名军官所刻意制造的一次相见。

在飞驰的列车旁边，两人静静地站立着，四目相对，沉默无言，各自都仿佛从对方的眼睛里面，看到了自己想要的东西。当最后一班列车呼啸而来时，对方狠狠推了三毛一把，示意她赶快上车。

"跟我一起走，好不好？"三毛拼尽全身的力气说。

"不行，我不能不考虑我的父母。"对方回答。

三毛还想做最后的恳求，却被对方一把推入了车厢。回到西德住处的三毛，一夜未眠，她的脑海里，一直闪现着那名年轻军官绝望的眼神。

爱情的预见

每一朵花,都有盛开的时候。

1967年的圣诞节,在三毛的人生旅程中,注定是一个难以忘怀的时间点。在这个冬日里的节日中,三毛像期待礼物的孩子一般,收到了圣诞老人最激动人心的赠予,她期盼的爱情另一半——荷西,正悄然走入她生命的最深处。

充满异域风情的西班牙,每当圣诞节零点的钟声响起时,人们会纷纷从家中走出去,和周围的人相互祝福新年快乐,平安健康。此时的三毛,居住在一位姓徐的伯伯家里,他是三毛父亲的朋友。当三毛也在凌晨走出家门时,突然迎面遇到了一名急匆匆上楼的学生。

准确地说,这是一名高中生,还未成年的青少年。

也许是缘分的魔力,当三毛抬头看向对方的时候,突然间,仿佛有一股强大的磁力将三毛牢牢困住,一瞬间,她如电击一般惊呆了,大脑空白了好几秒钟,逐渐恢复思维的三毛不由暗想:"这个世界上有如此英俊的男子吗?这样一个帅气

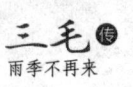

的男子，谁能够成为他的新娘，想必都是人世上最为幸福的事情。"

与此同时，和三毛对视的那名学生，也不由被气质高雅、仪态万千的三毛给深深吸引住了，他上下打量着三毛，再也不肯挪移半分。

这短短一瞬的注视，却开启了一段难分难解的唯美爱恋。或许这就是一见钟情的魔力，无论是谁遇上，都逃不掉被俘虏的"魔咒"，从此难解难分。

这名帅气的青少年，就是三毛生命中最重要的男人荷西。此时的荷西，还在念高中，三毛却已经是大二的学生了，从年龄上看，两人相差六岁，在常人的眼中，似乎不是太般配。

圣诞节的相遇，是两人相识、相恋的起点。他们一起逛街，一起去雪地里游玩，一起锻炼身体，如同多年未见的老朋友一般，物质上的贫乏，并没有成为他们快乐源泉的"拦路石"。对于三毛来说，她不敢奢望这是一场唯美的爱情，巨大的年龄差距，在三毛的心里，好似横亘的一堵厚厚的墙。

荷西对三毛又是什么样的感情呢？

和三毛相识以来，在荷西的脑海深处，早已刻下了三毛的倩影。没有三毛在身边陪伴，他就茶饭不思，精神萎靡。无心听课的荷西，有时直接逃课，只为了能够和三毛看上一场电影。不知不觉间，他已经深深爱上了三毛。

荷西的英文名字是Jose，调皮的三毛，为了好听好记，就给他取了一个中文名"和曦"。对于崇尚简约的三毛而言,"和曦"书写起来太不方便了,她又大笔一挥,将"和曦"改为"荷西"。在荷西眼里,无论哪个名字,只要是出自三毛之口,他都会欣喜若狂地接受。

品尝到爱情甜蜜的荷西,渐渐有了一种和三毛相伴终老的念头。在他的心目中,自己是三毛最合适的丈夫,是她生命旅程中最忠实的"守护神",他要保护三毛,宠着、爱着三毛。

充分酝酿了一段时间后,荷西开始了他的爱情表白。那天是一个无风的午后,大地一片雪白,三毛和荷西在僻静的小路上缓慢行走,斜斜的阳光,无力地洒落在长长的路面上,拉长了两个人的身影。

荷西突然停住了脚步,另一个紧紧依偎着他的身影也停了下来。身影和身影之间,距离是那样的近,似乎连一点阳光的影子也插不进去。

"答应我,做我的妻子。我承诺,只要给我六年的时间,四年上大学,两年服兵役,六年后,我给你一个最浪漫的婚礼。结婚之后,我们可以住在属于自己的小房子里,朝夕相伴,终老一生。"鼓足勇气的荷西,对三毛说出了自己的爱情宣言。

"六年时间吗?"三毛好像是在询问荷西,又好像是在自言自语。她在内心深处,反复咀嚼着这样的一个时间词语。六年,人的一生中,有多少个六年呢?荷西是否值得三毛去等,三毛是否值得荷西作出六年光阴的承诺?

仿佛过了漫长的一个世纪,荷西的眼神里充满了焦急,直到三毛轻轻开口问道:"怎么突然提起结婚这样的话题呢?你还那么年轻,六年的时间,还有许多未知的变化,更有无数可以改变的选择。"

三毛的话语,让荷西突然感到一阵紧张,不过他又很快恢复常态,迎着三毛询问的目光,坚定地说:"从见到你的那一刻起,我就有了结婚的念头,也只有结婚,才能让我们长相厮守,一生一世,永不分离。"

荷西的每一字、每一句,都清晰无比地传到了三毛的耳朵里,浸润在她的内心深处,她望着荷西急切又真诚的目光,从里面读到了她想要的答案。那一刻,三毛的眼睛不由湿润了,显然这是爱情力量冲击的结果。

"荷西,我知道你的心思,也明白你是认真的。可是你要知道,我们的年龄相差那么大,谁也不敢保证在未来六年的时间里,没有改变,不会移情别恋。我希望你不要在我的身上浪费时间了,最好从今天起,我们就此分别,回归到相识之初的日子,各自安好。"

"我哪里做错了吗?"荷西像是一个犯了错误的小孩子,忐忑不安而又无比焦虑地问道。

眼泪已经盈满了三毛的眼眶,可她还要努力控制住这不争气的泪腺，她哽咽着对荷西说："你怎么说这样的话呢？没有错，你什么地方都没有错。在我的心目中，你是一个完美帅气的男孩子，或许就是因为如此，我才不愿破坏这种完美，才做出和你断交的决定，你能理解吗？"

荷西静静地站立着，他抬头望向远处的天空，那里朵朵白云，悠闲自在，不像此时的他和三毛，为炙热的爱情而焦灼彷徨。

"好吧！我尊重你的选择，如果你不愿我打扰你，我答应一定能够做到。不过我还要说的是，我的心永远在等着你，只需你一声轻轻的呼唤。"

此时的三毛早已泪眼蒙眬，无语凝噎。她的耳边，响起了荷西慢步离开的声响，一步一步，如同重锤一般，敲击在三毛本就脆弱的心理防线上。直到脚步声渐渐远去，三毛才敢抬起头，望向那个熟悉的身影。

荷西走了，或者说，他开始慢跑起来，只是他一面跑，还一面不断地回头张望，挥手和三毛再见，似乎依旧心有不甘。他的身影，在落日余晖的映照中，越来越模糊，直到渐渐和昏暗的夜色融为一体。

三毛的胸膛在情绪剧烈的波动下，不停地上下起伏着，她多么想毫无顾忌地大喊："荷西，我是爱你的，我们要永远在一起，请原谅刚才我对你的伤害，你赶快回来陪我。"可是话到嘴边，三毛又硬生生地咽了下去，她想既然要了断，就不如彻底点，从此相忘于尘世；既然要痛苦，一次就痛彻心扉，脱胎重生。

从那日的道别后，荷西说到做到，再也没有出现在三毛的视线里。往常逃课来寻找三毛的荷西，会被三毛的室友调侃："你看，你亲爱的表弟又来了，这家伙真是风雪无阻啊！"

也许从今以后，再也没有姐妹会拿这个话题和三毛开玩笑了。没有了荷西的日子里，三毛始终难以忘记荷西的身影，那日分别时的场景，历历在目。荷西挥手说着再见，她还可以和他"再见"吗？

她多么想荷西能够在一瞬间悄然长大，幻想着在一个阳光明媚的早晨，她打开窗户，在外面微笑等候着的荷西对她说："你看，我已经成年了，具备了娶你的资格和条件了，答应我，做我的妻子，我会用一辈子的时光来陪伴你，保护你。"

只是每一个清冷的深夜，三毛从痛苦思念的梦境中醒来，耳边嘀嘀嗒嗒的钟表声，都在提醒着三毛不要脱离冰冷的现实，她和荷西之间，似乎隔着一道深深的鸿沟，三毛想要奋力跳跃，却有心无力。

"放手吧！就这样慢慢淡忘，慢慢成追忆，难道不是一种最好的结局吗？"一个声音在三毛的耳边响起。

"不，我爱着荷西，爱他的一切，他是我生命中不能缺少的另一半。既然遇见了，就要无所畏惧地冲破所有藩篱，不在意世俗，不考虑彼此间存在的差距，勇敢地接受这份感情。"另一个声音，也在不停地劝导着三毛。

此时的荷西，又是怎样的一个状况呢？当三毛内心深处那两个意见尖锐对立的"小人"在忘情地争吵不休时，三毛常常会以一声深深的叹息给予回应。

爱的乱音符

"与君初相识，犹如故人归。天涯明月新，朝暮最相思。"

三毛是深爱荷西的，可是在种种现实面前，她只能选择退出。为了摆脱对荷西的思念，也为了能够让荷西死心，在和荷西分手的那一段日子里，三毛故意交往了一些男朋友，第一个是一名来自日本的男生。

这名日本男生是三毛的同学，有着不错的家境，生活条件优渥。当这名日本同学察觉到三毛对他的好感后，对三毛展开了猛烈的爱情攻势。

每天，这名日本同学都会变着花样送三毛礼物，或者是一束鲜花，或者是三毛最喜爱的巧克力。自认为时机成熟的他，忽然购买了一辆新车，准备作为向三毛求婚的礼物。直到此时，三毛才开始害怕起来，在她的内心深处，这名男生只是她为了忘记荷西的替代品，至于谈婚论嫁，三毛从未想过，也根本不会接受这份勉强的感情。

在求婚仪式上，三毛泪如雨下，不能自已。这名日本同学吓坏了，还以为他太过于急躁了，于是一个劲儿对三毛说："对不起，对不起，是我太心急了，我可以一直等你，直到你同意嫁给我的那一天。"

怎么办呢？望着眼前这名痴情的男生，三毛无所适从。就像是为了躲避荷西而故意亲近这名男生一样，三毛很快选择了一名德国男友，以此来摆脱对方对她的苦苦纠缠。

三毛的"移情别恋"，让这名日本同学痛不欲生，深爱三毛的他，一度有了轻生的念头。三毛的内心也非常痛苦，但她深知"长痛不如短痛"的道理，她拒绝了这名日本同学和她重归于好的请求，即使对方在她宿舍楼下徘徊流连，三毛也狠下心不去见他。

有好几次，当三毛和德国男友一起手拉手上街的时候，会和荷西不期而遇。大度的荷西会微笑着和他们两人打招呼。三毛从荷西的眼神里看到了痛苦和绝望，可对于她来说，这样的选择，不正是为荷西着想吗？

对荷西来说，每一次和三毛以及她的德国男友相遇，都是折磨，荷西总会感觉一阵尖锐的刺痛扎向他的心脏。他是那么喜欢三毛，深爱三毛，然而他最爱的女人，此时却和另一个男人待在一起。每一个用情至深的人，都能够体会到荷西心灵深处的伤痛。

三毛在西班牙的学业就要完成了。为了躲避荷西，她选择了去德国留学。显然，去德国留学，需要一笔不菲的费用，三毛不得不勤工俭学，以赚取去德国留学的学费。

到了德国后，三毛继续着半工半读的学习生涯，闲暇时，她在一家化妆品店找到了一份推销员的工作，每天长时间地站立，让三毛的双腿如灌了铅一般沉重。但当三毛领取到丰厚的薪水时，她又感觉这份辛苦的付出是值得的。

在德国学习了一段时间后，三毛还曾到美国的伊利诺伊大学学习，依然是半工半读。凭借着自己出色的工作能力，三毛在极端困难的求学生涯中，硬是咬着牙坚持了下来。

不过德国的求学生涯，也是三毛记忆深处无比痛苦的存在。学业上的艰苦以及水土不服等，成了困扰三毛的最大难题。在巨大的压力面前，三毛展现了自己脆弱的一面，她试图从德国男友的身上寻找到一些安慰。

然而大男子主义的德国男友不仅没有好好地安慰三毛，还对她冷嘲热讽。他言下之意，说三毛是一名弱不禁风的小女子，实在是太经不起风浪的考验了。面对男友的这副面孔，三毛的一颗心如坠深渊。她知道，这名德国男友始终替代不了荷西在她心目中的位置。

有一次，德国男友和三毛一起来到百货公司，在这里，他自作主张，购买了被褥等物品，显然，他想和三毛长期同居。委屈的三毛一言不发，尴尬的气氛让这名德国男友察觉到了异样，两人刚走出百货公司，又不得不重新返回，将购买的被褥全部退了回去。

当完成了在德国的学业后，三毛决定启程赴美求学。在机场送行时，德国男友认真地对三毛说："我现在想以事业为重，人生的梦想是做一位外交官。等到我实现了人生的愿望后，我们再结婚好不好？"

三毛苦笑着踏上了飞往美国的飞机，她留给德国男友的，只有一个毅然决然的背影，这名德国男友却一往情深，后来成了外交官的他，依然痴痴等候着三毛，希望三毛能回心转意，然而这一等，就长达二十二年。

或许是双方之间真的没有缘分吧！或许在三毛的心目中，德国男友只是她生命中的一个过客，在这段感情驿站中短暂停留的她，选择了继续前行。

在美国学习生活期间，三毛的一位堂哥为了让三毛能够得到较好的照顾，将一名攻读化学博士的朋友介绍给了三毛。化学博士倒也尽心尽职，每天中午，他都会购买一份丰富的午餐送给三毛。

日久生情，这个词语用在博士的身上再恰当不过。随着和三毛接触交往的增多，博士的心里莫名地产生了一种微妙的情愫，他的脑海里总是不时地闪现出三毛的身影。为什么会这样呢？博士在深夜独处的时候，常常扪心自问，最后他给出了一个合理的答案：他爱上了三毛。

在一次午餐之后，博士鼓足勇气，试探着询问三毛："我们可不可以有一个美好的开始，结婚生孩子，过上简单幸福的

生活？"

　　三毛一下子愣住了，她万万没想到对方会以这样的语气向她展开爱情的攻势。毫无心理准备的三毛惊慌失措，果断拒绝了博士的求婚请求。

　　几天后，三毛的堂哥给她打来了电话，在电话中，堂哥先是寒暄一番，接着"言归正传"，他劝说三毛："妹妹，我的这位博士朋友，人品正直，前途无量，你能否认真考虑一下两人之间的感情呢？我衷心希望你能够接受他的感情，不希望你错过一段美好的姻缘。"

　　听着堂哥推心置腹的话语，三毛无言以对。不知为何，无论什么人向三毛提出结婚的请求时，她便会无来由地产生恐惧和退却心理。是患上结婚恐惧症了吗？其实三毛心里很清楚，在她内心最为隐秘的地方，一直有一个男生的身影，他就是荷西。

　　既然"落花有意，流水无情"，三毛最终做出离开美国的决定。在机场送行的时候，博士依然不死心，他几乎以哀求的语气对三毛说："我们可以谈一场轰轰烈烈的爱情吗？我多么希望你能毫无保留地接受我，恋爱结婚生子。我可以保证，一辈子对你不离不弃，求求你再认真考虑一下。"

　　面对博士的真情告白，三毛依然报以无声的沉默。临上飞机前，三毛轻轻地替对方整理了一下衣襟，随即义无反顾地踏上了归途。

当飞机呼啸一声直冲蓝天时，三毛眼里的泪水不由夺眶而出，她在心里一直默念着"对不起，对不起"。

就这样，在外求学五年之后，三毛重新回到了阔别已久的宝岛台湾。

返回台湾不久，一个宁静的午后，三毛又接到了博士的电话。在电话那端，博士做着最后的努力："我们可以结婚吗？只要你点头同意，我现在就坐飞机前往台湾，我要给你一场盛大的婚礼。"

短暂的沉默后，三毛轻轻地挂断了电话，既然有缘无分，她只能选择残忍地拒绝。爱情至上的三毛，如果有一天非要和一名男子步入婚姻的殿堂，那么那名男子，一定是她愿意无所保留深爱的另一半。她不愿将就，也不愿委屈自己。

返回台湾的三毛，凭借着过硬的外语水平，很快在一所文化大学谋取到了一份工作，教授学生德语。看到三毛学成归来，还拥有了一份稳定的工作，三毛的父母和姐妹们，也发自内心地替她感到高兴，尤其是三毛的父亲，每天都要抽出时间，和三毛一起打打网球。这一段平静的日子，是三毛和父母最幸福的时光。

工作闲暇时，三毛会不由自主地想起那个叫舒凡的男孩子。那个曾让她痛不欲生的男孩子，如今又是怎样的一个状况呢？从不主动打扰别人的三毛，为了慰藉心灵的痛苦，能做的最佳的选择就是故地重游。她一路走过和舒凡曾经畅游的大街小巷，

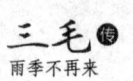

还在和舒凡一起待过的咖啡屋里静坐独处，这种无声的回忆，对三毛而言，无疑是抚慰伤痛最好的方式。

也正是在那间咖啡屋，三毛和一位画家相遇相识了。那位画家对三毛展开了炙热的爱情攻势。也许感情太过波折，三毛已疲惫的缘故，她破天荒地答应了对方的求婚请求。

令人意想不到的是，即将和那位画家步入婚姻殿堂的三毛，无意中得知对方原来是一个有家室的人。这是多么大的讽刺啊！爱她的人她选择了逃避和拒绝，唯一一次横下心决定结婚的她，却受到了如此大的伤害与嘲弄。

那一段彷徨无依的日子里，三毛心情低落，做任何事情都无精打采，心不在焉。父亲看在眼里，疼在心头。每天早上，他都会和宝贝女儿一起外出打网球，试图以这样的方式来缓解三毛内心深处的伤痛。

涓涓细流般的父爱，让三毛饱受创伤的心灵得到了很好的抚慰，不知不觉间，三毛又恢复了昔日的开朗和乐观。

走出伤痛的三毛，又一次遇到了爱情。

那天和父亲一起打网球时，一位德国男子注意到了三毛。他四十多岁，谈吐温文尔雅。从交谈中得知，他在台湾教书，对三毛有强烈的好感，因此才不顾年龄的差距主动结识三毛。

相识之后，两人不温不火地交往着，在交往的过程中，双方逐渐加深了对彼此的印象。德国男子终于感受到，这位知性温婉的中国女子，是他一辈子苦苦寻求的爱情对象。既然爱了，就要无所保留,他向三毛敞开了心扉:"可以做我的新娘子吗?"

从对方真诚的目光里,三毛读出了坦诚、宠溺、心疼。人生在世,还有什么比一份安全可靠的情感更为重要呢?经历了无数情感波折后的三毛,认真地点头,答应了对方的求婚。

可是造化弄人!当两人正憧憬着美好的未来,也预定了婚礼的日期时,谁知一天晚上,这位德国男子突发心脏病,任凭三毛如何搂着抱着呼唤他,对方也没有回应。他早已没有了呼吸。

送走这位德国男子后,三毛欲哭无泪。难道这就是不可捉摸的人生吗?为什么她就不配拥有一条和普通人一样的爱情之路呢?每当看得到的幸福向她走来时,却突然会被一阵狂风给吹得无影无踪。她还敢去爱别人吗?假如再有一份这样的爱情摆在她的面前,她又该如何选择呢?

"问世间情为何物,直教人生死相许。"痛过、爱过、恨过的三毛,突然感觉她渺小的人生是如此无味,如果自己在这个世界上是多余的话,为什么不选择一场干干净净的了断呢?一天晚上,陷入绝望深渊的三毛,吞食了大量的安眠药。她静静地躺在床上,等待着死神的召唤。

幸运的是,母亲及时发现了三毛的异常。被紧急送医后,三毛从鬼门关中走了一遭,重回阳世。

纵然有父母陪伴在身边,纵然她喜欢这个童年、少年时期带给她快乐的地方,可是在遭遇了一连串的打击之后,三毛最终决定,收拾行装,重回西班牙。她希望在那个曾经给她温暖

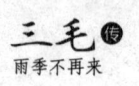

的异国他乡,找到疗伤的"圣药"。

或许在三毛的生命字典里,不停地流浪,不停地寻找,才是三毛人生的真谛。梦中的橄榄树,理想中的爱情之树,或许就在不远处等着她。

我还在这里静静地等候

三毛重返西班牙，还和一封荷西的信件有关。

当三毛还在犹豫着是否要返回西班牙时，她在西班牙结识的一位朋友来了。好友重逢，相谈甚欢。临别时，朋友犹犹豫豫地对三毛说："这里有一封荷西给你的信件，要不要看呢？"

当朋友说出荷西的名字时，三毛犹遭电击。她强迫自己冷静下来，平息内心翻江倒海般的情感，故作镇定地从朋友的手中接过了荷西的来信。

轻启信囊，映入眼帘的是一张照片。照片中，一脸胡子的荷西，神情自信地在大海里和风浪搏斗。三毛不由轻轻地笑出了声。荷西还是那副乐天派的样子，只是多了几分成熟，几分男子汉气概。

照片的下面，写着几句简短的问候："还记得我们六年的约定吗？不知道未来的你会是怎样的一个模样，然而于我，一直将一个最为珍爱的女神放在了内心最为重要的位置。在痛苦的煎熬中，我一天天数着日子，期盼光阴如流水一般，一瞬间就可以流到我们约定的日子。我依然在，依然如故，依然拥有一颗执着守候的爱恋之心。"

不争气的眼泪，一下子夺眶而出。那一刻，她知道她的情感天平，依然朝荷西的这一端倾斜着。

还要说些什么？还要迟疑什么？三毛匆匆收拾行囊，踏上了飞往西班牙的航班。

1972年，在阔别了数年之后，三毛历经周折，再次返回了令她魂牵梦绕的西班牙。

这次来到马德里，三毛不再像当初那样青涩拘束，她很快便在一所小学找到了一份教员的工作。薪水虽然不高，好在比较轻松自在。

有了初步稳定工作的三毛，并没有直接去寻找荷西。或许在她的潜意识里，想让自己能多一点时间冷静一下。受过太多爱情伤害的她，轻易不敢涉足一份真挚的感情，她需要时间，需要清醒的自我认知，一旦做出选择，她会以一万分的热情，投入这段感情之中，哪怕被感情的烈火吞噬掉。

一天休息时，三毛想到应该去拜访一下曾经照顾过自己的徐伯伯。在徐伯伯的家里，三毛和荷西的妹妹伊丝帖意外重逢。伊丝帖看到三毛后，脸上露出了无比惊喜的神情，接着她哀求三毛，能不能抽出一点时间，写信给她的哥哥荷西。荷西这时正在服兵役，如果得知三毛回来的消息，不知会多么狂喜!

三毛点头答应了。也许在她的内心深处，早就想给荷西写信了。可是矜持、纠结的她，迟迟找不到动笔的理由。纵有千言万语，又该从何说起呢？此刻她当着荷西妹妹的面，心潮澎湃，提笔踯躅，思虑良久后，笔走龙蛇，写下了一行短短的问候："我回来了，荷西！"在信的结尾，三毛附上了自己的住址信息。

不知道荷西接到这封回信之后是一种怎样的心情，唯一可以证实的是，他迫不及待地给三毛打来长途电话，在电话里，荷西语无伦次地告诉三毛，他的兵役期马上就要结束了，当他返回马德里时，会在第一时间和三毛相见。

荷西和三毛约定的日期是当月的二十三号。

那一天，三毛恰巧和朋友出去玩了。焦急万分的荷西，一连几十个电话打给三毛，最后还是三毛的一位朋友转告她，说是有一件万分重要的事情等待三毛处理，请她火速返回。

三毛不明就里，性情大大咧咧的她，竟然忘记了和荷西的约定。等她匆匆返回住所时，朋友让三毛先闭上眼睛。三毛照着吩咐做了，忽然一阵脚步声传来，接着她便得到了一个有力的拥抱和一阵旋转。

三毛睁眼一看，是荷西，那个令她魂牵梦绕的男子。那一刻，三毛忘情地尖叫着，顾不得朋友在场，她在荷西的脸上重重地亲吻了一下。相逢的喜悦，感染了彼此，温暖了彼此。

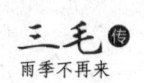

令三毛感动的是，在荷西的住所，她看到了自己多年前的无数张照片。不同的是，这些照片都被荷西给刻意放大了，三毛伫立在贴满了整个墙壁的照片面前，不知所措。

荷西笑着告诉三毛，这些照片都是他从徐伯伯那里得到的，他这样做，自然是为了缓解自己思念的狂潮，至于别人怎么说，他满不在乎。

这就是爱情的味道吗？三毛咀嚼良久。对于这个男人来说，整整六年的等候和期许，这是一种怎样的深情和痴恋呢？在人生短短的生命旅程中，又有几个人愿意付出六年的宝贵时间，去守候一场不可知的爱情呢？

那一刻，三毛柔软的心，突然被一种莫名的感动击中了。毫无疑问，这就是爱情美妙的滋味。

下一个瞬间，三毛向荷西发起"反击"："你愿意和我结婚吗？"

荷西被突如其来的反问给惊呆了。他痴痴地站在原地，不敢相信自己的耳朵，像石雕泥塑一般。

三毛继续发起攻势："你不是信誓旦旦地说要等我六年，六年后就娶我回家吗？现在我就站在你的面前，你完全可以兑现自己的诺言啊！"

荷西手足无措，被幸福击晕的他，大脑石化了。

忽然间，三毛的眼泪又不争气地流了出来，她带着"恨意"和"幽怨"的语调，继续对荷西说："我只是说着玩的，你不要当真。"

荷西彻底蒙了，他结结巴巴地询问三毛："怎么了，究竟怎么了？"

三毛跺着脚娇嗔地说："谁让你当年没有坚持，没有坚持不懈地向我求婚呢？如果我的心碎裂的话，也一定是被你的伤害造成的。"

荷西一把拉过三毛的手，把她的手贴在自己的胸膛上，用坚定的语气说："感受到我的心跳了吗？我一直爱着你，爱到心跳停止的那一天为止。"

整整六年，六年的光阴不长不短，足以见证一个人的真心。三毛望着眼前这个稳重帅气的男人，直觉告诉她，荷西是值得托付终身的那个人。

没有山盟海誓，没有花前月下，然而一句简单的承诺，一个男人肯风雨无悔地守护着，等候着，这份浓烈的情感，胜过世上任何的誓言。

有时，语言是苍白无力的，尤其在一份真诚如一的感情面前。

三毛开始相信命运之神的安排了。在六年的时光里，她经历了无数次真真假假的感情波折，谁知兜兜转转，她再次来到了荷西的身边，享受着这个男子真情接纳的温暖。这，正是三毛想要的幸福。

少女时期的三毛，就喜爱读张爱玲的书，书中"于千万人之中遇见你所要遇见的人，于千万年之中，时间的无涯的荒野里，没有早一步，也没有晚一步，刚巧赶上了。那也没有别的话可说，唯有轻轻地问一声：'噢，你也在这里吗？'"这一段话，恰好是她和荷西情感波折的注脚。

第三章 让人痴迷的撒哈拉

每想你一次,天上飘落一粒沙,从此形成了撒哈拉。

每想你一次,天上就掉下一滴水,于是形成了太平洋。

——三毛

奔向撒哈拉

　　三毛的感情世界里，不乏追求者。然而这些追求三毛的男人，都是怎样的心态和想法呢？显然，他们大多不过是喜爱三毛的容颜而已，将这样一位优雅温婉的女子娶到手，在人前，他们自然就多了一份炫耀的资本。因此在这些追求三毛的男子眼中，三毛不过是一件漂亮的衣服，需要的时候就拿出来向世人展示一番，而在内心深处，他们真能懂得爱和包容吗？

　　就如那名日本学生，他出身富裕的商人家庭，于是就施展金钱的攻势，鲜花、巧克力乃至名贵的香车，自认为凭着财大气粗就可以抱得美人归；那名刻板的德国男生，以当外交官为人生的终极目标，而三毛，只是缓解他外交生涯中的寂寞的一个伴侣罢了。

　　他们得不到三毛的爱，是因为不懂三毛，不会去尊重三毛，没有明白三毛内心所想、所要的东西究竟是什么。

　　这一切，在荷西这里，统统不是问题。

　　三毛想要的无非是自由、奔放、热烈的爱情；希望另一半能接纳自己，能尊重她的人格和尊严，能照顾她小小女人的刁蛮性格，能包容她的缺点和不足，让她能充分沐浴在爱的阳光之下。

因此，当三毛计划和荷西步入婚姻殿堂的时候，三毛提前给荷西打了"预防针"。她半是撒娇半是认真地对荷西说："结婚后，还要任由我拥有天马行空、无拘无束的自由，如果做不到这一点，我就不要这毫无意义的婚姻。"

荷西了解三毛，他笑着回答说："我爱你，正是喜爱你的热烈、奔放、自由和开朗，如果少了这些，你就不是我心目中完美的女神了。一个值得我去等待六年的人，她的一切，我都可以无条件接受。"

也许在世俗的人眼中，三毛不是一位传统意义上的好妻子。她的所作所为，在人们的眼中无疑太过"离经叛道"，他们会心生疑问：这样的一个女人，为何还会有一个"傻瓜"去爱她、宠她呢？可是偏偏有荷西这样的一个男子，无怨无悔地深爱着三毛。

同样，在三毛的眼中，荷西能够带给她无尽的欣喜和宠爱，这是别的任何一个男人都替代不了的。独特无二的三毛和荷西，在爱情的殿堂里，尽情地相爱。

一个冬日的早上，马德里的一个公园里，三毛和荷西相互依偎着，静静地坐在长椅上。旁边调皮的麻雀飞来飞去，尖尖的小嘴不停地从三毛的手里啄食着面包屑。

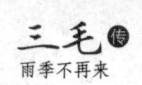

荷西看了一会儿书，然后扭头打量着三毛，突然问道："明年的行程，你计划好了吗？"

三毛回答说："我想去一趟撒哈拉沙漠，那是一个令人心驰神往的地方，如果能够在那里住上一段日子更好。"

荷西有些遗憾地说："原本我想夏天去爱琴海的，会不会发生冲突了呢？"

三毛犯了选择困难症，和荷西一起去航海？还是前往向往已久的撒哈拉沙漠呢？

看着三毛为难的样子，荷西追问道："究竟想去哪里？是沙漠吗？"

三毛给了他一个肯定的表情。

荷西脸上露出失望的神情，他多么希望三毛能够将航海选为第一呀！

一转眼，就过了新年。好久没有和荷西联系了，他像是突然间神秘消失了一样，躲到哪里去了呢？

正当三毛的心中画着大大的疑问号时，一封来信解开了她的困惑。

这封信是从撒哈拉沙漠的一个地方发出来的，来信人正是荷西。在信里，荷西正式向三毛提出了结婚的请求，他言辞恳切地写道："嫁给我吧，我魂牵梦绕的爱人，我反复思考，在这个世界上，只有你最适合我，我不能离开你，否则我会跌入痛苦的深渊的，今年夏天，我们就举行婚礼，好吗？"

向三毛提出正式求婚之时，荷西小小浪漫了一次。他深知三毛的性格，一旦决定了去做一件事情，那么任何人都无法阻止她。为了三毛，为了给三毛一个意外的惊喜，他刻意提前来到了撒哈拉，先在一家磷矿公司工作，尔后才写信给三毛。

荷西从三毛最喜爱的广袤沙漠里，传递出自己对三毛最真挚的爱意，他不正是三毛苦苦寻找的知心爱人吗？荷西可以为三毛付出一切，为她作出任何牺牲，这样的一个男人，还有什么理由拒绝呢？

爱是什么？爱是在心动时义无反顾地走在一起，相拥在一起，深爱在一起。为了爱，可以放弃一切，藐视一切，只要有性情上的互补和心灵上的契合，其他那些强加在爱情上附属的东西还重要吗？

有那么一瞬间，三毛的眼前豁然开朗，她依稀看到了站立在撒哈拉沙漠中央向她微笑的荷西，他的身影，在苍茫大漠的衬托下，俊朗挺拔。他就是爱情的化身。

没有过多的犹豫，三毛收拾行装，奔向了她心目中的殿堂，投奔深爱着她的爱人。

1973年春天，三毛一个人悄悄地离开了马德里。

神圣的婚姻殿堂

西属阿雍撒哈拉的机场，随着飞机的缓缓降落，早已等候多时的荷西，在拥挤的人群中，一眼看到了亭亭玉立的三毛。

他快步上前，一把将三毛揽在了他宽大的怀抱里。虽然分别的时间不是太长，然而对于饱受相思煎熬的荷西来说，仿佛已等待了一个漫长的世纪一般。此时拥在他怀中的三毛，是那样地真实，那样地温暖。这种真实的幸福，让人对爱情有了最为美好的期许。

物质的丰富，掩盖不了精神的贫乏；精神的富足，却可以将一切不完美全部遮掩。尤其是对于两个深爱的男女来说，还有什么比相厮相守更令人激动雀跃的呢？沉浸在爱情世界中的两个人，谁又会在意物质上的短缺呢？

从机场出来，走过弯弯绕绕的郊外道路，最后在阿雍城外的一间小木屋旁，荷西停下脚步，转头满目深情地对三毛说："想好了，进入这个房间之后，你就是我美丽的新娘子了。"

说着，荷西一把又将三毛拥在了怀里。

荷西特有的男人气息传入三毛的鼻孔,她侧耳倾听他粗重有力的呼吸声,一种前所未有的幸福感,在三毛的身体深处升腾了起来。

可是当两个人真要准备结婚了,却发现在现实面前,实现他们心目中最大的愿望有多么艰难。

对于生活在撒哈拉沙漠地区的本地人来说,结婚几乎不用经过法院的准许。三毛和荷西不同,他们需要这样一个神圣而又充满幸福意义的法律见证,于是两人来到法院,找到一位负责此事的老秘书。

老秘书一头雾水,不知道需要什么证明资料和手续,他也是第一次遇到这样的事情。不过热心的他,还是为三毛与荷西找到了当地法律条文上关于结婚的种种要求,诸如出生证明、单身证明、居留证明、法院公告证明……一长串手续事项,让三毛惊讶地睁大了眼睛。

这是在结婚吗?这分明是在重新梳理一遍前半生的人生印记。她扭头和心有灵犀的荷西相视苦笑,但两人随后决定:无论多难,无论经历多久的等待,也必须给对方一个完完整整的婚姻仪式。

涉及三毛的各式各样的证明,中间颇费周折。走完一个完整的流程,即使在一切顺利的情况下,也需要三个月的时间。

为了这份值得付出的感情,三毛和荷西选择了平静地等待,有条不紊地一步步完成各类证明手续。

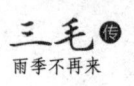

值得庆幸的是，在等待证明寄来的时间里，三毛有了一个相对空闲的自由期。荷西平时忙于工作，一个人待在公司里。三毛闲暇的时候，就会背着背包，拿着相机，在沙漠周围游牧民族的帐篷里探望。在这里，她不仅结识了很多善良友好的朋友，也体验了新鲜有趣的异国风情，仅仅是笔记本，三毛就用了厚厚的一摞，在她的相机里，也保存有大量鲜活生动的图片。快乐驱走了烦琐的证明手续带来的阴霾，三毛过得滋润而又充实。

当三毛再次来到法院，见到那位和蔼可亲的老秘书时，对方高兴地对三毛说："祝福你们，你们的证明资料全部齐全了，可以成为法律意义上的夫妻了。"

"是吗？"三毛又惊又喜，烦琐的文件证明，曾让三毛精疲力竭，焦虑不安，因此，当一切尘埃落定时，她突然感到了一种前所未有的轻松。

"当然是真的了！至于结婚日期，我都替你们想好了，明天下午六点就是个好时间。"老秘书笑着说。

在中国的传统文化中，结婚要选黄道吉日，也许是一个月、半年后的日子，像这种几乎是"择日不如撞日"的做法，三毛还是第一次遇到。她震惊地张大了嘴巴，不敢相信自己的耳朵，好半天，才恢复了平静，想着马上就可以和荷西步入婚姻殿堂了，也许冥冥之中上天自有安排，三毛就坦然接受了。

从法院出来后，三毛想办法让人去通知荷西，告诉他明天就可以结婚的消息。当送信的人走了之后，三毛不由偷偷笑出了声。不知道荷西得知这个消息时，会是一个怎样的反应。

不过三毛很快知道了答案。因为不到下班的时间，荷西就飞奔着回到了他们居住的地方。刚从屋外进来，荷西就迫不及待地询问三毛："是明天吗？确定是明天吗？亲爱的！"

三毛给了他一个肯定的表情。荷西笑着上前一把抱住了三毛，将她紧紧拥在了怀里。

接下来，三毛和荷西需要通知各自的家人。荷西给家人和朋友发报："明天我和三毛就要结婚了，实在抱歉，没有及早地通知大家。其实这次结婚的日期，我们也是听从当地法官的要求，仓促之间决定的，希望大家能够见谅……"

三毛的电报，和她素日的为人一样，简洁明了，直奔主题。在给父母的电报中，三毛写上了六个大字："三毛明天结婚"。除此之外，再无只言片语。

荷西问她："是不是太简单了些呢？不用给父母多解释一些吗？"

三毛望着荷西，发出会心的微笑。其实她深知，父母在接到了她的电报后，会理解她，也会为她有一个好的归宿而欣慰。从今以后，在三毛的身边，有一个爱她、宠她的男人照顾着她，父母也终于不必整天为三毛提心吊胆了。

为了庆贺明天将要举行的婚礼，三毛和荷西决定好好放松一下。自然，放松的最好方式，就是两人手拉手，在当地的影院中观看一部轻松有趣的电影。只要深爱着彼此，任何简单的

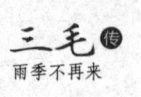

形式都充满神圣的味道。三毛懂，荷西也懂。

第二天上午，当三毛还在和周公梦中相会时，神情热烈的荷西回来了，他故意弄出很大的动静，在吵醒了三毛后，荷西兴奋地说："快来看看，我送给你一件什么样的结婚纪念礼物。"

荷西说着，神情激动地将一个大大的木盒打开，在木盒里面，赫然陈列着一颗硕大的骆驼头骨。白骨森森，散发着晶莹的光芒。

三毛早就想拥有一件这样特别的礼物了，所以当她看到骆驼头骨后，不仅没有丝毫害怕，反而满心欢喜地说："谢谢你，这是我最倾心的礼物。快告诉我，你是从哪里得到的？"

荷西一边擦着额头上的汗珠，一边骄傲地对三毛说："这可是我在沙漠里费尽了九牛二虎之力才得来的。整整半个上午，我走了好远好远，这才如愿以偿。"

三毛的内心升起了一阵莫名的感动。七月的撒哈拉，其干燥和炎热，无须用任何语言描绘，不要说去外面走动，就是待在屋子里面一动不动，也好受不到哪里去。而为了让他们的婚礼更富有纪念意义，荷西不惜在沙漠里奔波寻找。唯有爱情，才会驱使他如此不辞辛苦。

看看钟点，留给三毛和荷西准备的时间不多了。下午六点的婚礼，需要他们在半个小时之内赶到。三毛麻利地换上了一件淡蓝色的麻布长衫，披散长发，头上戴着一顶草编的大帽子。潇洒自如一直是三毛穿衣打扮的风格。

向来不修边幅的荷西，不仅穿上了彰显稳重风格的深蓝色衬衫，还特意将长长的胡子整理了一下，可见在他的心目中，无比珍视这场简约而又极具纪念意义的婚礼。

从居住的地方到法院，两个人穿着像情侣装一般的衣服，手牵手迎着夕阳向前走去，背后是被夕阳拖长的影子。在漫天黄沙里，一对尘世的情侣，走出了一幅绝世的唯美图画。

在三毛和荷西的设想中，由老秘书主持婚礼就足够了，让他们万万没有想到的是，法院里面，映入眼帘的竟然是黑压压的人群，附近的人们都穿着正式的礼服，纷纷赶来参加两人的婚礼。

从人们亲切的问候中得知，这一切都是老秘书的安排，是他通知了所有和三毛、荷西熟识的人，他们前来参加两人的婚礼，为的就是给两个人以惊喜，大家在一起共同见证三毛和荷西修成正果的爱情。

婚礼热闹非凡，作为新郎的荷西，笨手笨脚的样子引起了宾客们的欢笑，三毛自己，也给大家贡献了不少的笑料。特别是在婚礼仪式结束后，粗心的三毛才想起没有和荷西举行结婚戒指的交换仪式。她在后面追着荷西，荷西在前面追着法官，索要他们两人的户口簿，场面一度让大家笑个不停。

按照荷西的意思，原本婚礼仪式结束后，两人要去旅馆过一个甜蜜的夜晚。但精打细算的三毛却拒绝了荷西的这一提议，她告诉荷西，在旅馆一夜的花销，足够他们两个人一个星期的生活费用了。荷西望着"会过日子"的三毛，哭笑不得。不过向来尊重三毛意见的荷西，痛快地放弃了自己的主张。

当两人返回家中的时候，在门前，他们看到一个大大的蛋糕摆在地上。上前查看时，荷西发现是自己的同事专程送给他们的。两人高兴地接受了这一份弥足珍贵的礼物，进入屋子后，两人吃着蛋糕，互换了结婚戒指，荷西傻乎乎地笑了。

为了爱甘心守候平凡的日子

成婚后的三毛和荷西，迎来了他们甜蜜的蜜月。荷西的公司对他们两人非常照顾，不仅给了他们一笔不菲的家具补贴，还提升了荷西的薪水，更令人感动的是，除去公司给予的半个月婚假，荷西的同事自愿替班，这样一来，荷西就有了整整一个月的时间来陪伴三毛。

大把可以"任意挥霍"的时间，让三毛和荷西激动不已。怎样才能够让两个人的蜜月更有纪念意义呢？三毛提议，不如找一辆汽车，来一次穿越撒哈拉沙漠的勇敢之旅。

对于三毛的提议，荷西愉快地答应了。穿越撒哈拉沙漠的第一站，从荷西的公司开始。荷西带着三毛在自己工作的地方参观走访了一遍，接着他们聘请了当地的一位向导，准备一路向西，从马克贝斯进入阿尔及利亚，兜兜转转，再回到他们居住的地方。这是向导给他们设计的最为完美的路线。

他们驱车一路颠簸前行，十几天后，两人到达了撒哈拉沙漠的腹地，荷西紧紧拥抱着三毛，在她耳边轻语说："这就是你魂牵梦绕的撒哈拉，现在它尽在你眼中了。"

此时狂风卷起黄沙，落日残阳悬挂在殷红的天际，一种直入心底的苍凉之美油然而生。

三毛仿佛是一个刚刚睁眼打量这个世界的婴儿，她四处搜索，尽情地打量着眼前的一切，仿佛要将整个沙漠拍照，底片都储存在自己的大脑中一般。这时几粒黄沙打在了三毛的脸上，她突然无语哽咽，或许这就是梦想成真之后的喜悦吧！

甜蜜美好的婚礼假期很快结束了。荷西按部就班，回到公司上班。三毛待在他们居住的地方，洗衣做饭，做一些粗笨的活计。

诗意的浪漫和枯燥的现实，往往是一对难以调和的冲突体，此时摆在三毛面前的，就是这样的一个矛盾现状。她首先要面对的是日常生活用水的难题。

当地的地下水，苦涩发咸，难以饮用。而经过申请，市政府可以调拨给他们更好一点的饮用水，不过当送水车来到阿雍的时候，需要三毛亲自去提水。十升的淡水，对于体弱力小的三毛来说，不亚于一场艰难的考验。每每走上四五步，三毛都要停下来喘息片刻，好积蓄精力，再艰难走上一段路程。就这样，走走停停，等将水提回住处时，三毛早已汗流浃背、瘫软成泥了。

其次是煤气。煤气总有用完的时候，如果恰好荷西不在身边，实在没有办法去镇上更换煤气的三毛，只好借用邻居家的铁皮炭炉。她一边忍受着被烟熏的痛苦滋味，一边擦着额头上的汗水煮茶熬粥。

还有就是如苦行僧一般的平淡生活。在三毛和荷西居住的地方，没有电视、收音机等现代化电器设备，即使是吃饭，也要蹲在地上。屋子墙体单薄，白天被炎炎烈日晒得滚烫，当夜晚温度降低后，又冰冷彻骨。这是一段难以忘怀的苦日子。

因此每当荷西要离开的时候，三毛总是暗自难过。当她在屋内听到荷西带上屋门的声音，不争气的眼泪就会不由自主地悄然滑落。下一个瞬间，三毛像发疯般地从屋里冲了出去，追上正准备出发的荷西。

"夜里没有电，没有电视，我一个人太寂寞清冷了，能不能留下来陪我？"此时的三毛，就像是一个爱撒娇的小孩子，在明知不会有结果的心理预期下，依然苦苦做着最后的挽留。

荷西又怎么舍得离开呢？他常常红着眼睛，将三毛紧紧地拥在怀中。如果夜晚不随单位班车回去的话，第二天早上，上百里的路程，荷西很难及时赶回单位。在两难的选择之中，他只好忍痛和三毛暂别。

有时候荷西需要加班，没空回来陪伴三毛，三毛就常常和送水的卡车司机一起上路，来到附近游牧民族的帐篷里，和他们交朋友，送给他们一些小礼物，白糖、烟、糖果等。她在这里受到了人们的热烈欢迎。

多年以后，三毛在回想这段苦中有乐的日子时，曾这样深情地说道："长久地被封闭在这只有一条街的小镇上，就好似一

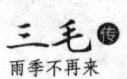

个断了腿的人,又偏偏住在一个没有出口的巷子里一样的寂寞。千篇一律的日子,没有过分的快乐,也谈不上什么哀愁。没有变化的生活,就像织布机上的经纬,一匹一匹的岁月都织出来了,而花色却是一个样子的单调。"

打造属于他们的"爱情之舟"

三毛和荷西在阿雍的居住地，尽管没有什么特别的标志，却成了当地有名的"豪华住所"，很多人把它形容为撒哈拉沙漠里的"宫殿"。其实在三毛刚刚搬来的时候，他们居住的房子里，空空如也，一无所有。

三毛清晰地记得，来到撒哈拉第一夜的场景，她从兴奋中冷静下来，才有时间去打量他们居住的地方。放眼望去，几乎是家徒四壁，连一件像样的家具都没有。小小的房间内，空旷单调，即使是墙壁也保持着粗犷原始的风貌。卧室狭小得只能放下一张大床，除此之外，再也没有多余的空间了。

厨房的简陋也大大出乎三毛的意料。小小的洗水池，显得那样单薄可怜。浴室里面，只有一个抽水马桶。整座屋子里，能够称得上是现代电子物品的，恐怕只有头顶上那圆圆的小灯泡了。不过顺着电线四处看去，上面落满了数不清的苍蝇，这让三毛不由感到阵阵恐惧。

荷西充满歉意地看着三毛，对理想中的爱情憧憬了无数次的他，到了真的需要给三毛和自己一个独处的空间时，他才感到是那样地寒酸和清贫。好在三毛不是在意物质生活的女人，她轻轻地对荷西说："没关系，只要我们肯努力，相信在一两年的时间里，一定能够把这个家打扮成我们想要的模样。"

临睡时，由于缺乏必要的床铺被褥，三毛就蜷缩在睡袋里，荷西身上则盖着薄薄的毛毯。清冷的沙漠夜晚，三毛虽然努力地闭着眼，但被冻得几乎一夜未眠。

对他们两人爱巢的营建，三毛从没有任何懈怠。作为居家过日子的女人，三毛有她自己温柔持家的一面，只要手里有余钱了，她就竭尽所能地去镇上购买一些生活必需品，如小冰箱、煤气炉、床垫以及锅碗瓢盆等。有了三毛的存在，这间屋子才算得上是一间真正温馨的住所了。

让三毛最为纠结的，一个是入不敷出的生活开支。荷西的薪水，除了维持必要的生活所需外，所剩不多，每次都很难采购到更多的物品。再一个，在撒哈拉，成品家具的价格实在是高得太离谱了。也许他们辛辛苦苦攒上几个月的零用钱，都不够购买一件像样的家具。

好在爱情的力量是伟大的。荷西在工作之余，下决心自己动手做家具。但做家具也不是说做就能做的事情，至少木板等原材料是必不可少的。三毛上镇上询问，店家简单计算了一下告诉三毛，制作家具的材料花费需要两万多元，他们手中那几张通过各种方式节省下来的票子，买不了几块木板。

心情糟糕的三毛，垂头丧气地从木料店中走了出来。但很快，在木料店的一边，堆积的大批木箱令她眼前一亮。三毛当即返回店里，请求老板免费送她几个。店老板听了三毛的话后，先是一愣，接着又神秘地笑了笑，答应了三毛的请求。事后三毛才得知，那些木箱子原来是装棺材用的，怪不得木料店老板会有那样的神情表现。

三毛哪里顾得了那么多？有木板使用，她高兴还来不及。征得了老板的同意后，她赶忙找来两辆驴车，其间还采买了做木工活所需的各种工具，钉子、滑轮、麻绳、锯子、榔头、软尺等，林林总总一大堆。

等到荷西下班，三毛和他一起将木箱运回家，趁着星期天，荷西开始认真忙碌起来。此时的他，仿佛是一位技艺高超的木匠大师，神情专注地计划着每一块木料的用途。认真工作的荷西，让站在一边的三毛看呆了。

在荷西的努力下，等到他们拿到了结婚证后，这个小小的温馨住所，已经变得有模有样了。屋子里的书架、桌子以及挂衣柜，规规矩矩地站在它们应该待的地方，尤其是富有沙漠风格色调的窗帘，让前来做客的人们赞不绝口。

美中不足的是，屋子里的墙壁需要全部粉刷一遍才算完美。三毛和荷西之所以一直迟迟没动手，是因为他们一开始寄希望于房东。房东却丝毫不理会他们提出的要求，工资昂贵的工人他们又请不起，最后还要落在"自己动手，丰衣足食"这一法

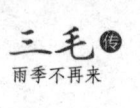

则上面。

为能够购买足够的粉刷材料和粉刷工具，三毛和荷西又开始了节衣缩食的日子。他们相互配合，三毛负责调制石灰水泥，荷西负责全部粉刷事宜。忙碌了一天后，犒劳他们的也只是白面包、牛奶等满足他们基本体力所需的食物。由于食物太过简单，常常睡到半夜，三毛和荷西会不约而同地饿醒过来。

经过两人辛勤的努力，当房屋内外全部完工的时候，整座房子在附近如同鹤立鸡群，有那些色彩单调如绿叶般屋子的衬托，三毛和荷西温馨的小家真的像华丽的宫殿，傲然矗立，令人艳羡。

当然，美好的幸福背后，是三毛和荷西饿得发虚的身体。他们的眼睛也由于长期饥饿，随着体重的下降而显得变大了。三毛笑称，这也算是意外的"收获"吧。

后期的布置，更体现了三毛的用心。她购买了两个厚海绵垫，经过加工，将其做成了一个实用的长沙发，在洁白墙壁的衬托下，给人一种简洁唯美的感觉。

三毛的父母姐弟以及朋友，也力所能及地给了她极大的支持。母亲给她寄来了细竹帘，父亲给她寄来了各种各样的海报，姐姐、弟弟送来衣物，而三毛的朋友们，知道三毛喜爱书，专程买来成摞的书寄给她。

沙漠终年是单调的黄色，少有绿色的植物点缀，三毛想尽办法，悉心培植了九盆绿植。绿绿的颜色，无疑给这座温馨的小屋平添了更多的生机。

其间三毛还干了一件让邻居们嘲笑很久的"傻事"。原来，有一次她去镇上的时候，在一处大坟场旁边，看到一名满脸沧桑的老人在雕刻石头。那些石雕惟妙惟肖，形神兼备，鸟鱼人物，无不活灵活现。

三毛一下子被惊呆了，她痴痴地待在那里，像一个贪婪的艺术剽窃者，围着老人的石雕不停地挨个欣赏。最后被深深打动的三毛，将身上所有的钱都掏了出来，一共一千块，全部塞给了这位"伟大的艺术家"，以购买其中她最喜爱的三件石雕。

抱着石雕的三毛，兴奋地向家赶去。谁知老人又从后面追了过来，多给了三毛两件小石雕，三毛连声说着谢谢，风一般回到了住处。那一晚，三毛忘情地沉浸在艺术的世界里，连晚饭都顾不上吃。

当三毛花费巨资购买石雕的事情传出去之后，周围的邻居纷纷以此来嘲笑三毛。在他们眼里，一向精打细算的三毛，竟然也会干出这样笑死人的"蠢事"！可是在三毛的眼里，这些石雕，是世界上最值得她珍视的无价之宝。

可惜后来当三毛再次特意从那座坟场经过寻找老人的时候，那位神秘的老人却再没有出现过，仿佛那天他和三毛的相遇，是一场事先的安排。老人完成了送给三毛伟大艺术石雕作品的任务后，就再也不肯露面了。

三毛和荷西温馨的小家，越来越丰盈了，不仅在外观上令

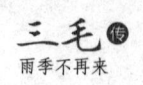

人赞不绝口，处处清洁、舒适；屋内的文化氛围，也随着朋友寄来的书籍以及三毛自己订购的杂志、报纸而变得厚重起来。尤其是三毛喜爱的《国家地理》杂志，里面有对世界各地风土人情的介绍。当年的三毛，如此热烈地向往撒哈拉，这本杂志功不可没。

这一点，许多年后，三毛在《白手成家》的文章中如此描述道："不记得在哪一年以前，我无意间翻到了一本美国的《国家地理》杂志，那期书里，它正好在介绍撒哈拉沙漠。我只看了一遍，我不能解释的，属于前世回忆似的乡愁，就莫名其妙毫无保留地交给了那一片陌生的大地。"

但三毛眼中美丽的"宫殿"，也存在着许多潜在的、令人防不胜防的"麻烦"和"风险"。

当地女人不理解的是，三毛为什么要将一个单纯睡觉的地方布置得如此美轮美奂呢？她们早就和三毛熟识了，一有时间便蜂拥而至，不是向三毛借用各种化妆品，就是大大咧咧、喧宾夺主地躺在大木床上。睡惯了地铺的她们，看到一张舒舒服服的大木床，自然忍不住去尝试，所以每一次来到三毛家中，她们都要"实地"亲身感受一番。

这还不是三毛最头疼的地方。杂志上漂亮的图片，她们会直接撕掉拿走；三毛漂亮的衣服，也顺手带回去，穿几天再送回来。再漂亮的衣服，也禁不住这种"非人"的折磨，返还时早已是面目全非了。

后来当荷西为三毛添置了一台电视机后，向来大方豪爽的三毛，第一次将家门关得紧紧的，无论谁敲门一概不开。她知道，这次一旦自己"心软"，将会给这个他们辛辛苦苦建立起来的小家，带来"灭顶之灾"。

令性格上粗枝大叶的三毛想不到的是，在这里，她还遭遇了荷西同事的热烈追求。

荷西和三毛一样，非常喜爱待客，只要公司放假，就有很多好友来荷西家里做客。在这里，三毛会为他们准备精美的食物。荷西一位名叫马诺林的同事，不知从何时起爱上了三毛，他总是借荷西之名，送三毛一束当地最为名贵的"天堂鸟"鲜花。

一开始，三毛没有在意，渐渐地，马诺林雷打不动的送花行为，终于引起了三毛的注意。她从对方炙热的目光中读出了不一般的味道，这是超越朋友情谊的"爱的火花"。为了让马诺林冷静下来，三毛特意和他单独长谈了一次，委婉地提醒他，以后不要再这样做了。

马诺林的脸上充满了失望和惆怅交集的神情，他一语不发地离开了。一个星期后，三毛从荷西的口中得知，他的这位同事竟然辞职了。听到这样的消息，三毛的心里也是五味杂陈，不过从那之后，每当荷西的朋友过来做客，三毛会自觉地待在厨房里不出来，以拉开彼此间的社交距离。

三毛对家的经营，还有着更大的"野心"。在她和荷西的共同努力下，终于攒够了买车的钱。那是一辆白色的漂亮小车，

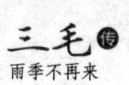

这辆名贵的"沙漠之舟",不仅成了三毛外出时的代步工具,而且还扩大了三毛对撒哈拉的认识范围。

不久后,当摩洛哥和毛里塔尼亚要划分西属撒哈拉时,全球各地的记者蜂拥而来。有一次,三毛和荷西外出,将一辆陷入沙坑的车子拖了出来,对方是通讯社的记者,自此和三毛一家成了朋友。半个月后,他们前来三毛的家中做客,当踏进屋子的那一刹那,一位记者情不自禁地惊呼说:"哦,我的上帝,这里实在是太美了,简直不敢相信。"

一个月后,又有一位荷兰人慕名来访,他在参观了三毛的房间后,连声赞叹:"这是当地最值得人们自豪的'罗马'。"三毛笑着回答说:"'罗马'可不是一天就能建成的。"

在爱情的世界里,三毛和荷西过得浪漫而又俗气,他俩将承载他们爱情之舟的小家,打扮得如富丽堂皇的宫殿一般。那个当年喜爱往家里捡拾各种新奇"小破烂"的女孩子,终于在成为女人后,利用自己的"一技之长",给了她和荷西想要的一切。

有了爱情,一切都变得如此有意义。

有趣且充满风险的撒哈拉

风貌万千的撒哈拉沙漠,是三毛最为痴迷的地方。一年之中,不同的季节,它会呈现出不同的特征。或黄沙四起,或温柔娴静,这种多变的风貌,常常激发三毛探奇的强烈愿望。一有空闲,三毛就或独自一人,或和荷西一起,从住处出发,寻找她认为神秘的地方。其间许许多多有趣的事情,都是在探奇中发生的,有时还因为粗心,三毛和荷西差点丢掉性命。

一天下午,三毛陪荷西去理发,三毛一个人在理发店待着实在是太无聊了,就起身在附近随意走走看看。在理发店后面的街上,三毛意外地发现了一处破房子,奇特的是,房子不仅没有窗户,还在门口竖立了一块牌子,上面只写了一个大大的"泉"字。

太奇怪了,难道这所破房子里会有泉水吗?强烈的好奇心促使三毛傻乎乎地将头从木门处探了进去,屋内外光线的差异,让三毛什么都看不清楚,她努力睁大眼睛,还想再仔细看个究竟的时候,里面忽然传来一阵男子大呼小叫的声音:"外面有人,

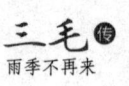

有人在偷看。"

三毛情知不妙，慌忙抽身逃跑。可是没跑多远，就被一位披着长袍的阿拉伯男子追了上来。对方气呼呼地责问三毛为什么要这么做，竟然偷看男人洗澡。

什么？男人洗澡？三毛一下子来了兴趣，反问这位阿拉伯男子当地男人如何洗澡的问题。

对方告诉她，下午是男人洗澡的时间，上午是女人洗澡的时间，如果想要体验一把，记准时间就可以了。

第二天，三毛就兴冲冲地跑了过来。在支付了四十元的澡票后，她如愿以偿进入了里面。尽管有心理准备，但屋内恶劣的环境还是让三毛大吃一惊。地上摆满了大铁桶，脱下来的衣服随意地搭在屋内的铁丝上，尤其是空气中弥漫的恶臭味道，让三毛差点呕吐起来。

不过她还是强忍着这令人不舒服的味道，一件接一件，脱下了衣服，不过有所保留的她，身上还是穿着比基尼，不像当地的女子那样一丝不挂。

再往里面走，就是所谓洗澡的地方了。在一个大水槽内，热腾腾的泉水从地下冒了出来，女人们用石块刮着身上的泥垢，她们肥胖的身躯，衬托得三毛无比渺小。

还没等三毛洗漱，一名正在刮着身上泥垢的女人起身喂奶，没有丝毫的卫生理念，三毛再也忍受不了了，从里面落荒而逃。这次糟糕的洗澡体验，让三毛终生难忘。

出来时，老板娘一边笑三毛白花了一大笔洗澡钱，一边告诉三毛，如果纯粹是猎奇的话，当地的女人还有一种"灌肠"的行为。三毛的好奇心又被勾了出来。在她的一再请求下，荷西陪她来到了勃哈多海湾，在一处岩石背后，他们隐藏好身形，暗中观看撒哈拉威女人的"灌肠"行为。

整个过程让三毛目瞪口呆。被灌了一肚子水的女人们，开始就地排泄体内的"脏东西"，等到排泄得差不多的时候，她们从痛苦中恢复过来，开始愉快地唱着歌。此情此景，让三毛再也忍不住偷笑出声。她的笑声，惊动了附近帐篷里的人，对方喊着、叫着冲了出来，要不是荷西快速发动汽车一溜烟跑掉了，他们这种偷看的行为，或许会被当地人当场打死。

前往总督家偷窃鲜花，也是一件让三毛忍俊不禁的趣事。

当地最有条件养花的人，自然是大名鼎鼎的总督了。三毛和荷西恶作剧般爬进了对方的家里，一口气挖了好几株鲜花，三毛将其装在了塑料袋里。谁知在挖一棵藤蔓植物的时候，不幸被卫兵发现了。

三毛急中生智，让荷西紧紧抱着她，这样他们的盗窃"成果"就不会被对方发现。而且也如三毛所设想的那样，卫兵认为他们是一对热恋中的小男女，于是端起枪喝令他们赶快离开，这里不是风花雪月的地方。

本来三毛还在思考着如何不露痕迹地从墙上爬出去，但不明就里的卫兵却示意他们从大门出去。强忍着笑意的三毛，在出了大门之后，还向卫兵鞠躬表示感谢，否则两人爬墙逃走的样子，肯定会狼狈不堪。

这些有趣的事情自然是有惊无险，不过接下来的遭遇，却让三毛和荷西真的差点丢掉了性命。

有一次，三毛在附近转悠的时候，看到地上有一串用麻绳系着的项链。项链很普通，由小布包、果核以及铜片三部分组成，当地人经常佩戴类似的项链。

三毛也没有多想，还以为是谁不小心丢的，俯下身弯腰捡了起来。回到家后，三毛按照自己的设计，只保留了那片铜片，系上丝带佩戴在胸前。

谁知自此之后，一连串怪异的事情发生了。比如普普通通的打喷嚏，三毛竟然打个不停。别小看打喷嚏，次数多了也会要人命的，三毛就是这样的情况。她浑身无力，鼻血流个不停，还伴随着一阵阵强烈的呕吐感。

荷西吓坏了，慌忙将她送到医院。可是医生在进行详细的检查之后，也没能查出病因。返回的路上，荷西开着车子，在下一个大斜坡的时候，刹车突然失灵了，要不是荷西强行扭动方向盘，撞上了一处沙堆的话，他们就会和一辆迎面而来的大卡车相撞。

可怕的事情还远远没有结束。回到家时，三毛的手指被车门给狠狠挤了一下；刚回到屋子，三毛又来了"例假"，不同以往的是，这次她的出血量太大了，三毛差点因失血过多晕倒。

邻居罕地的妻子葛柏赶过来查看情况,当她看到三毛脖子上的项链时,脸色突变,连连惊叫着让三毛赶快丢掉它。

荷西不明就里,询问起原因才知道,三毛捡来的项链,竟然是南边毛里塔尼亚施展最为霸道的巫术用的,专门以损害人的身体健康为目的。

荷西吓坏了,请来当地伊斯兰教的教长,对方不慌不忙,将铜片剖开,在两枚铜片的中间,赫然夹着一张画着图案的符咒。如果不是三毛亲眼所见,她根本不会相信这个世界上竟然真的有这样的符咒术。

多年之后,三毛对这件事情依然记忆犹新,有人问起其中的缘由,三毛虽然解释不清,但她据此深信,或许在古老的巫术文化中,存在着一些科学还未认识到的"空白区域"。

如果说巫术是一种神秘力量,接下来三毛和荷西的遭遇,可谓是一场真正的"人祸"了,也是他们距离死亡最近的一次。

那是他们驾车在迷宫山探险时所发生的事情。两人因为听说在迷宫山里,可以寻找到化石,便驱车前往。

迷宫山距离他们居住的地方约一百五十里。说是山,倒不如准确地说是一个个高大的沙堆。这些沙堆的高度,都在一百米以上,这是自然风化作用下形成的独特地貌。由于连绵的沙堆实在是太多了,没有经验的人们贸然进去,极大概率会迷路。

一开始,自信的荷西不以为意,他驾车直入迷宫山的内部,在迷宫山的中间位置,他们看到了一片外表呈深咖啡色的低地,四周雾气蒸腾，充满了神秘感。

荷西大意地下车查看，三毛开着车跟在后面。正当荷西大步走着的时候，忽然脚下一软，接着一股巨大的吸力传来。荷西在经历了初期的惊慌后，很快意识到遇到可怕的泥沼了，匆忙间，他一把抱住旁边一块突出来的石头，同时大声对三毛喊道："小心，这里是泥沼地，千万别靠近。"

意外的发生，不过是短短一瞬间的事情。等到三毛清醒过来，荷西的双腿已经深深陷在了泥沼中。如果不能在太阳落山之前将他救出来，仅仅夜晚能够冻死人的低温，就足以要了荷西的性命。

急切间，三毛试着寻找可以搭救荷西的东西，哪怕是一段短短的绳索都可以。可惜在他们的车子里，除了几个酒瓶子外，别无长物。抬眼望向四周，空空荡荡，没有任何可以借助的东西。

荷西关心三毛的安危，他着急地大喊："不要乱跑，赶快开车回去找人。"

荷西的提议是当前最好的办法了。但三毛在冷静地思考后，一口回绝了荷西的建议："傻瓜，这样不行，我开车往返数百里，回来天都黑了，这里到处都是沙堆，我又怎么找得到你？不到半夜你就会被冻死，我必须陪着你待在这里一起想办法。"

荷西试图再次说服三毛，但三毛如同发疯了一般，焦急地揪着头发，想要想出一个更好的办法。

危急时刻，远处一束车灯照了过来。这是有人开车经过这里。三毛兴奋地跳上车,按响喇叭,打亮大灯,以吸引对方的注意。

三毛的举动收到了成效,对方车灯的光线一变,车朝着他们的位置开了过来。等到车辆靠近时,三毛这才看清楚,来的是一辆吉普车,车上坐着三名相貌凶恶的男子。

三名男子看到三毛是一名女性,内心的邪念一下子升了上来,他们停车跳了下来,一边不怀好意地笑着,一边向三毛围拢过来。其中一名男子趁三毛不注意的时候,一把抱住了她,恣意轻薄起来。

三毛绝望了!想不到这次竟然是"引狼入室"。从来不肯认输的三毛,自然不会坐以待毙,她奋力和抱着他的男子扭打了起来。

不远处的荷西看到这种情形,气得大吼大叫起来,他试图丢掉抱着的石头,不惜冒着被泥沼吞没的风险,也要和这三个男人拼命。

荷西的举动,分散了三名男子的注意力。三毛抓住机会,狠命地踢向抱着他的那个男人的下体,对方疼得放开了手,三毛扭身就跑,后面又有一名男子追了过来,三毛抓起一把沙子撒了过去,趁着对方揉眼睛的工夫,三毛逃回车里,第一时间发动车辆向远处冲了过去。

三毛这样做,并非只是为了保全自己的性命。她深知自己身单力薄,一味地纠缠下去,根本逃不过对方的魔爪,还极有可能会牵累荷西,最后的结果是两人双双毙命在这无边的荒漠之中。

一路开车疾冲的三毛,后面是那辆紧追不舍的吉普车。照这样下去,三毛很难摆脱对方,她灵机一动,在转过一座沙堆时,熄灭车灯,关掉引擎,悄悄地隐藏在了黑暗之中。

紧紧追赶的吉普车,发着刺耳的轰鸣声从三毛藏身的地方疾驰而过。他们发现突然失去了三毛的影子,四处找了一下没有结果,只好悻悻地离去了。谢天谢地,密密麻麻无数硕大的沙堆,拯救了三毛,否则她一定难以逃脱对方的魔爪。

三毛躲在暗处。直到看到对方车灯的光线彻底消失,浑身冒着冷汗的她,才又重新发动车辆,凭借着记忆,发疯般回到了荷西陷入泥沼的地方。

其实在返回寻找荷西的路上,三毛就想到了解救荷西的办法。但当她以最快的速度返回原地时,荷西却不见了踪影。

"难道是无情的泥沼将荷西吞噬了?"三毛围着泥沼的边缘又喊又叫,可是四周一片寂静,听不到荷西的任何回应。

三毛无力地跪倒在地,眼泪再也控制不住地喷涌而出。她的荷西,她的挚爱,看来与她就此阴阳相隔了。

不知哭了多久,三毛迷迷糊糊中突然听到了一声微弱的呼唤:"三毛,三毛,我是荷西……"

三毛一下子清醒了过来,她呼喊着荷西的名字,这次荷西的声音更加清晰了。原来他没死。刚才他没有回应,是因为被低温冻得失去了意识。

三毛兴奋得跳了起来,快步跑回车上,将车灯打亮,照向荷西。接着又从车里的工具箱中拿出螺丝刀,快速地将后座坐垫拆解下来;随后又借助千斤顶的力道,将车子的前后轮也全部拆掉,做完这一切,她抱着这些救命物资,一个个抛向泥沼深处的荷西,一边抛,一边在轮胎和坐垫的辅助下,小心翼翼地来到了荷西的附近。

几乎被冻僵的荷西,快要失去活动能力了。三毛担心荷西没有力气,就将身上的衣服脱了下来,用刀子割成几大缕布条,一头系在轮胎上,另一头绑在老虎钳上扔给荷西。荷西接过布条,在三毛的帮助下,费尽全力从泥沼中一步步爬了出来,终于安全返回地面。

平安返回车里后,两人紧紧相拥,庆贺大难不死,在鬼门关里走了一遭。荷西冻了小半夜,又费力爬出泥沼,体力损耗极为严重,他在喝了三毛递给他的白酒后,肢体才慢慢恢复了知觉。

两人稍事休息,下车组装轮胎。车子终于可以正常发动了。劫后余生的荷西,一边开着车,一边询问三毛:"还要寻找化石吗?"

三毛以一如既往不认输的态度回复说:"当然要!我们明天还可以再来。"

多年以后,三毛在《哭泣的骆驼》一文中,深情地写道:

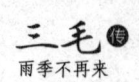

"世界上没有第二个撒哈拉了,也只有对爱它的人,它才向你呈现它的美丽和温柔,将你的爱情,用它亘古不变的大地和天空,默默地回报着你,静静地承诺着对你的保证,但愿你的子子孙孙,都诞生在它的怀抱里。"

角色多变的三毛和撒哈拉

撒哈拉对于三毛和荷西来说,不仅是一个精神获得成长的地方,也是一个技能得到提升的场所,聪明勤劳的荷西,是邻居眼中的木匠、泥水工,还兼任电器修理师。三毛也是如此,她从一个曾经只会读书学习的快乐少女,变成了医生、厨师、裁缝、摄影师等。三毛没来撒哈拉之前,还从没想过自己是如此"心灵手巧"。

三毛向来不爱做家务,只有下厨例外。担心她的父母,从台湾给她寄来了大批的食材,粉丝、冬菇、紫菜、猪肉干等。"巧妇难为无米之炊",有了丰富的食材,三毛就可以在中餐上大显身手了。

对于吃惯了西餐的荷西来说,想要接受中餐,自然需要一个肠胃适应的过程。

比如在使用粉丝做美食的时候,三毛就故意用"美丽的谎言"欺骗荷西,说粉丝是中国的锦纶线,经过复杂的加工程序,变成了一道美味可口的菜品。荷西半信半疑,不过在品尝了粉丝鸡汤之后，一下子被鲜香的口感征服了。

喜欢恶作剧的三毛，还将猪肉干剪成块状，然后偷偷藏了起来。谁知不巧被荷西发现，他试着品尝了一下，直呼太美味了，三毛却骗他说："这是治疗咽喉炎的含片，以后只有咳嗽的时候才能吃。"

荷西信以为真，偷偷带了一些给他的同事们，同事咽喉炎没有得到有效的治疗，反而"病情加重"了，他们来到荷西的家里，一个个故意咳嗽着，说是需要荷西家里的"咽喉片"才能得到彻底的治疗。三毛得知真相后，笑得直不起腰来。

三毛精湛的厨艺，不仅征服了荷西，还声名在外。荷西的老板得知消息后，非要来荷西的家里亲口品尝一番。

三毛的拿手菜是笋片炒冬菇。那天恰巧没有笋片，不过这也难不倒脑子灵活的三毛，她很快找到了替代品。用小黄瓜代替笋片，依然做出了一道爽口滑嫩的美食。

荷西的老板品尝之后，对三毛的厨艺赞不绝口，说他这辈子最难忘的美食就是这道"笋片炒冬菇"，食材正宗，味道可口，令人食指大动，胃口大开。当时荷西还奇怪，家里面不是没有笋片了吗？事后当他得知是三毛"瞒天过海"的伎俩时，一边笑一边对三毛竖起大拇指，表示万般的钦佩。

这一段经历，被三毛化成文字，发表在了1974年10月6日的《联合报》上，这也是"三毛"的笔名第一次在报刊上得以正式使用。

如果说三毛精湛的厨艺，是以中国强大的美食文化做基础的话，那么三毛又是如何成为一名远近闻名的女医生的呢？难道她是无师自通吗？

其实三毛"名医"的称号，也是误打误撞、机缘巧合下的产物。平日里，小病不断的三毛，在来撒哈拉之前，身边就带着一大堆药品。所谓"久病成医"，在阿雍小镇生活的时候，身边邻居有了头疼脑热的小毛病，慷慨的三毛自然会伸出援助之手。

第一次"行医"源于一位女邻居的头疼病。对方头疼得厉害，当地的医疗条件和居民的医疗意识又常常让女性"讳疾忌医"。尤其是医院里都是男医生，对于非常保守的当地女性来说，更不愿让他们以接触身体的方式"检查问诊"了，所以看着对方难受样子的三毛，忙将自己的止疼片给了对方一些。

也许是止疼片的疗效确实不错，经过这名女邻居的宣扬，大家慢慢都知道并自发地高度认可三毛是"名医"的事实，女人们身体上一有小毛病，就跑来求助三毛。三毛是热心肠，也来者不拒，"名气"渐渐地更加大了。

有一次，三毛的邻居哈蒂耶陀跑来求助，说她的表妹病情严重，性命危在旦夕，恳求三毛发发善心。三毛不顾荷西的阻止，溜出去给对方看病。

哈蒂耶陀的小表妹不知得了什么病，骨瘦如柴，眼窝深陷。三毛小心地询问她的病情，又逐个查看了她身体各个部位的健康状况，很快就有了一个大胆的想法。

三毛告诉哈蒂耶陀，让她们家里杀一只羊，每天煮羊汤给小女孩喝。喝羊汤时，还要服用她给对方配的小药片。说是小药片，其实是十几粒维生素而已。三毛估计，女孩不过是维生素缺乏罢了，患上了极度营养不良症。

果然十来天后，女孩子"奇迹般"地痊愈了。周围的人都将三毛视作"神医"，对此三毛也不辩解，笑着任由他们四处大肆宣扬。

三毛"行医"不拘一格，想法也是天马行空。有一次，房东的母羊产下了小羊羔，然而衣胞却迟迟没有落下来，一直在母羊的身后拖着，看着非常难受。三毛出于怜悯，想起了一个土办法。她从家中拿来一大瓶葡萄酒，强行给母羊灌下去，第二天母羊的胞衣就全部脱落了。房东看了，连连称奇。

如果说"行医"是出于好心的话，那么三毛充当媒婆的角色完全是"被逼的"。有一次，他们的好朋友，当地的警官罕地请三毛一家喝茶，闲谈时，罕地请求三毛帮一个忙。依照当地的风俗，女儿结婚时，要由一个外人告诉女儿，父母不能出面说。正好罕地的大女儿姑卡要结婚，罕地这才请求三毛出面当一回"媒婆"。

姑卡才十来岁的年龄，这样一个年纪就结婚，让三毛大吃一惊。更令她惊讶的是，当她告知姑卡，并询问她未来丈夫是谁时，姑卡却迷茫地摇摇头。婚姻大事完全由父母做主，她只是一个"傀儡"。

几天后，在镇上购买物品的时候，三毛偶遇了姑卡的哥哥和她的未婚夫。对方是一名警察，仪表堂堂，三毛这才放下心来，暗暗替姑卡感到高兴。

两人成亲的那一天，三毛跟着娶亲的队伍来到了男方的家里。在入洞房环节，等候在客厅的三毛，听到了姑卡的一声惨叫，接着她那名警察丈夫拿着鲜红的手帕走了出来，这是少女贞洁的见证。望着哄笑的众人，三毛感到一阵反胃。这种用暴力方式夺取女孩贞操的行为，让三毛厌恶无比，她没和任何人打招呼，直接走掉了。

摄影师也是三毛在撒哈拉的一个重要角色。三毛爱好摄影，和荷西结婚前，为了满足自己拍摄异域风光的愿望，她常常跟随着送水车深入大漠腹地，有时候一趟旅程要走上千里。

沿途美不胜收的景色，让三毛陶醉其中。虽然送水车颠簸无比，但丝毫没有影响到三毛的"雅兴"。她拍摄的作品包罗万象，当地的风土人情，都被她一一收录在相机里面。

有一次，一位老太太的头疼病被三毛治好了，对方为表示感谢，诚恳地邀请三毛去她家里做客。老太太的家里，还有两位美丽的女性，三毛情不自禁地举起相机拍摄起来。

谁知此时家里的男主人恰巧回来了，他看到三毛手里的相机，不由勃然大怒，对家里人又是责骂，又是踢打，嘴里还不停地嚷嚷道："你们这些傻瓜，都被这个女人收走了灵魂，你们活不长了。"

女人们听到男人这样说，吓得蹲在地上，小声地抽泣着，大约她们也认为自己命不久矣。

三毛明白了，当地人非常迷信，认为相机会收人魂魄。为了取得对方的谅解，三毛主动打开相机，让他们看底片，上面没有人影，对方这才长长舒了一口气，脸上的神情也好看了许多。

不要说相机，对于镜子，当地人也非常恐惧，有一次，一位老人搭乘三毛的车，三毛拿出镜子，想让老人照照自己的模样，谁知老人一看到镜子里的自己，就吓得差点从车上跌落下去。

老人的举动虽然滑稽可笑，可是三毛却很不是滋味。为了打消当地人的疑虑，后来她故意随身携带一面大镜子，下车休息的时候，就将镜子在岩石上支起来，自己坐在对面梳妆打扮。

附近的小孩子们看到稀奇，想要围拢过来时，三毛就特意走开。小孩子们的好奇心都非常强烈，忍不住在镜子面前走来走去，发现一切安然无恙后，他们就放心地在镜子前快乐玩耍，做各种鬼脸。

小孩子的举动也让周围的大人们放下心来，在亲身验证后，他们也都放松了警惕之心，再也不惧怕镜子会将他们的魂魄"收走"了。

公交车司机，是三毛的另一个重要角色。

结婚后，三毛和荷西经过一段时间的节衣缩食，终于攒够了购买他们心爱白色越野车的积蓄。

提到车之后，两人常常为谁能够多开一会儿而"争吵不休"。好在三毛在这方面具有极大的优势，她争取到了接送荷西下班的"差事"，这样三毛就可以充分地过一把"车瘾"了。

善良的三毛，不单单是为了接送荷西下班。在第一次开车前往荷西单位的路上，三毛遇到了当地一位步行的老人，出于怜悯，三毛将他送到了目的地。荷西得知消息后，提醒三毛一定要注意自己的人身安全。三毛却回答说："顺路载载其他人，不过是举手之劳，想当年我们两个还未买车的时候，走在路上也遇到过很多好心人，允许我们搭乘他们的车辆。这是人们之间最基本的信任，在力所能及的情况下，我不会丢掉这点公德心的。"

过了几天，三毛开车出去，正值炎热的中午，加上狂风大作，能见度非常低。坐在车里的三毛，能够明显地感受到飞沙走石击打在车身上发出的撞击声。

"这样的鬼天气，要是没有一辆车，简直生不如死。"三毛正想着心事时，视线里突然出现了一个骑着自行车的身影，三毛急忙刹住了车子。

对方是一个男孩，十来岁的样子，他看到三毛的车子停在了自己的身边，就请求三毛给他一点水喝。恰巧三毛没有带水，她就邀请男孩上车，以躲避这该死的鬼天气。

男孩很纠结，看着自己心爱的自行车，迟疑了片刻，还是拒绝了三毛的好意。

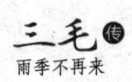

三毛返回家后，一直心神不宁，担心男孩。短短几分钟后，三毛就作出了一个决定，她拿了一瓶水，一个面包，以及一顶荷西的鸭舌帽，走出家门沿途寻找那个男孩，直到找到了对方送上食物和水后，她的心里才好受了很多。

三毛还曾让一位士兵搭乘过自己的车辆。对方衣着整齐，上车后告诉三毛，想去镇上看一场电影。听着对方的话，三毛的心忽然疼了一下，她想起自己还在服兵役的弟弟，但是和这名士兵相比，他的条件不知好了多少。

荷西不赞同三毛让路人搭乘，是因为他担心三毛的人身安全。而他自己，在开车外出的时候，常常会让行走的路人坐一趟顺风车。和三毛一样，谁能忍心看着行人像蜗牛一般，在炎炎的烈日下，汗流浃背地在沙漠里艰难跋涉呢？

当然，让人搭乘时，有时也会遇到让人哭笑不得的事情。

一次荷西开车从外面回来，一进门就对三毛抱怨说："今天算是倒霉到家了，三个老头子搭乘我们的汽车，谁知语言不通，我开过了站，对方竟然急得脱下鞋子敲我的头，差点被打成脑震荡。"

三毛看着荷西狼狈不堪的样子，再听着他讲解挨打的窘事，不由笑得肚子疼。

热情的三毛和她要好的朋友

三毛在撒哈拉的生活体验,最深的感受是枯燥无味。这片贫瘠的土地,缺乏现代化的生活物资,很多地方的民众,依旧处于落后的部落状态。然而另一方面,热情的三毛和当地朴实的撒哈拉威居民,很快融为了一体,成了无话不谈的好朋友。这些人中,有看门的、售卖邮票的、商店店员、送水工、奴隶等,三教九流,无所不包。

更令三毛始终难以忘怀的是,她的这些朋友,在当地局势恶化后,即便处处潜藏着无穷的杀机,他们依然竭尽所能去帮助三毛和荷西,哪怕将自己暴露在危险之下。正是靠着他们的鼎力相助,三毛和荷西才得以逃出生天。

在这些朋友中,蜜娜是比较特殊的一个。

和当地所有年轻女性一样,蜜娜相貌俊美,一双明亮的大眼睛楚楚动人,大有一种"我见犹怜"的感觉。她成了三毛和荷西的好朋友后,非常喜欢来三毛家里玩。

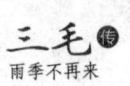

但不知从何时起，三毛发现蜜娜看向荷西的眼神发生了微妙的变化。每当得知荷西在家休息时，蜜娜就会径直来到三毛家里，虽然衣着朴素，但干干净净，她来了后，就那样静静地坐着，看着荷西在屋子里忙来忙去。

日子久了，蜜娜也感受到了来自三毛的"敌意"，聪明的她，很快改变了方式，她不再来三毛家做客，反而有事就请求荷西去她家帮忙。

一天三毛和荷西在家吃饭，蜜娜来了，站在门前，她一直呼唤着荷西的名字。三毛沉着脸，问她喊荷西去她家有什么事情。蜜娜大大方方地说："想请荷西去家里修一下坏掉的大门。"

荷西看样子非常想去，不过却被三毛用眼神给制止了。当地的风俗，男子娶上三四个女子都不为过，她自然不愿意让蜜娜"横刀夺爱"。

不过很快，三毛就放下了戒心，因为她听到了蜜娜结婚的消息。心情开朗的三毛，在蜜娜出嫁前，特意给她送上了一块布料，以示祝贺。

苦命的哑奴父子，也是三毛在当地结交的一对好朋友。

有一次，阿雍镇上一位有钱人请人吃饭，三毛和荷西也在被邀请的名单中。在对方家里，三毛看到一名黑人小男孩，八九岁的样子，不停地穿梭往来，为客人殷勤地服务着。

怎么会有这样一个小服务生呢？三毛带着疑问询问了一位

朋友后得知，小男孩原来是个奴隶。地位低下的他，只能被有钱人呼来喝去，毫无人格尊严。

那一刻，三毛的心轻轻地疼了一下。趁着人们不注意时，她将小男孩叫到了一边，硬是塞给了他二百元钱。

回去后，三毛慢慢地将这件事情淡忘了。谁知第二天傍晚，有人来敲家门。三毛出去一看，是那个小男孩，他身边还跟随着一个衣着破烂的中年男子，显然他们是父子。

从对方比画的手势中得知，小男孩的父亲发现孩子的手里突然多了一笔"巨款"，询问清楚原因后，急忙拉着他来到三毛家里，想要退还这笔钱。

三毛坚决不肯要，双方推让了一番，最后中年男子万分感谢地收下了钱，拉着小男孩离去了。

几天后，三毛出门时，发现门口放着一棵青菜。不用问，一定是哑奴父子送来的，虽然只是一个小小的举动，但也让三毛感动了许久。就这样，她牢牢记住了哑奴父子，他们也逐渐成了好朋友。

哑奴很聪明，会多门手艺。所以当三毛的邻居想要修盖房屋的时候，哑奴就被请来做事。撒哈拉的八月，最高气温超过了五十五摄氏度，即使一动不动，头上还缠着包裹有冰块的毛巾，三毛也依然汗如雨下。

这样一个热得要死的鬼天气，顶着烈日干活的哑奴，又该经受着怎样的一番煎熬呢?

一念至此,三毛冲到了哑奴干活的地方,连拉带拽,将晒得几乎要发晕的哑奴拉到自己的屋前,想要他进屋凉快一下。拘谨懂事的哑奴,走到门前的天棚下时,再也不肯向前多走半步了。

三毛无奈,苦笑着回到屋子里,从冰箱里找到一些食品,一瓶橘子水、一个软面包以及一块干乳酪,示意哑奴可以找一个凉快的地方填填肚子。

过了一会儿,三毛出去查看情况,发现哑奴只是喝了那瓶橘子水,其余食品一动未动。

看到三毛带着疑问的眼神,哑奴忙打着手势解释:家里面还有三个孩子,他不忍心全部吃完,要带一些回去让他们品尝一下。

三毛心里酸酸的,又在食品袋里装了可乐、太妃糖以及西瓜等物品,示意哑奴下了工后,可以过来取走。

荷西返回家里休息的时候,也很快和哑奴成了朋友,他邀请哑奴来家里吃饭。这次哑奴接受了,在三毛的家里,大家吃了一顿愉快的午餐。

当地人看不起哑奴一家奴隶的身份,听说三毛、荷西竟然和哑奴交上了朋友,脸上纷纷露出不解的神情,有些人甚至因此对三毛、荷西敬而远之了。对于来自外界的嘲讽,三毛一概不加理会。

不久后，哑奴盛情邀请三毛和荷西前往他们家做客。三毛和荷西带了一些食物赶了过去，在哑奴的房屋前，或者说只能算是一顶破帐篷搭建的小屋前，三毛再次被哑奴家的贫困境况给惊呆了。屋内更是家徒四壁，空空如也。哑奴烧了一壶水，甚至连待客的杯子都没有。

回去时，三毛和荷西手挽手，一路无语，不过心意相通的他们，却彼此默契地知道对方心里此时在想什么。是啊，有一个温馨的家，有一个相知相恋的爱人，这才是世界上最为真实的幸福。

对于来自三毛的帮助，哑奴感激在心。平时只要他能腾出空闲，就会帮三毛干一些力所能及的活。手脚勤快、心地善良的哑奴，是三毛在撒哈拉时最亲密的朋友之一。

可是很快一切就发生了变化。没过多久，三毛的另一位好朋友姑卡慌慌张张地跑来，气喘吁吁地对三毛说："不好了，哑奴要被卖掉了，以后就要离开这里了。"

三毛一下子惊呆了，怀疑自己听错了。

等她冷静下来后，姑卡才详细地告诉她："毛里塔尼亚下了一场难得的大雨，沙漠里的野草一下子旺盛了起来，那里急需放羊和为骆驼接生的人，有人出钱买下了哑奴，哑奴马上要搬离这里了。"

了解了事情的原委后，三毛慌忙冲了出去。果然，不远处，捆着手脚的哑奴被人扔在了一辆吉普车上。

三毛急得跺脚，但又无可奈何。她只好以最快的速度返回家里，拿出所有的现金和一张毯子，全部丢给了哑奴。哑奴望着三毛，不由号啕大哭起来。

哑奴就这样被转卖了。从此他以及他的一家，都从三毛的生命里消失不见了，不知道未来会是怎样的一个结局。三毛想不出，也不愿去想这个令她心痛的问题，只是在哑奴被抓走的那一夜，三毛整整伤心流泪了一晚上。

警察奥菲鲁阿也是三毛和荷西的好朋友。奥菲鲁阿为人和善，待人实诚。有一次，奥菲鲁阿过来找三毛，希望她能和荷西一起开车带他去看望自己的父母。他的父母在沙漠的另一边居住，非常渴望能有一次家庭大聚会。

三毛犹豫了。因为此时的西属撒哈拉，局势越来越动荡，西班牙人在当地也变得不受欢迎起来，但奥菲鲁阿却一再保证，会确保三毛和荷西的人身安全。最后三毛心软了，答应了对方的请求。

奥菲鲁阿的父亲是一名族长，他们一大家子住在大漠深处的一个大帐篷里。三毛送给他两大罐鼻烟草，并用当地最尊敬的礼节问候了他。奥菲鲁阿的父亲回报给她的是一副沉甸甸的银脚铐，三毛接过来套在了脚踝上。

身边的奥菲鲁阿悄悄告诉三毛,这份礼物原本是给他妹妹们准备的,不过此时却先给了三毛。

为了款待三毛一行,奥菲鲁阿的家人准备杀羊。可是三毛看到他们计划要宰杀两只羊,奇怪地询问原因。奥菲鲁阿的母亲哈丝明回答说,她还有几个儿子,也就是奥菲鲁阿的几个哥哥,也会赶回来吃饭。

羊刚刚宰杀完,三毛视线所及的地方,就腾起了一道烟尘,几辆土黄色的吉普车从远处疾驰而来,转眼便到了近前。车辆停稳后,从其中一辆吉普车上,下来几名蒙面的男子,有可能是附近游击队里的头目。

一想到她和荷西的人身安全问题,三毛整个身体的血液仿佛凝固了一般。荷西也是如此,当他看到对方脱掉外面的长袍,露出里面土黄色的游击队队员的制服时,也不由惊呆了。

难道奥菲鲁阿欺骗了他们?

奥菲鲁阿却非常坦诚地直面三毛和荷西,一再请求他们放心,有他和父亲在,今天真的只是一次单纯的家庭聚会,他的几位哥哥也早就听说三毛一家人的情况,所以趁着这样的机会,非要见一见三毛和荷西不可。

在奥菲鲁阿的解释下,三毛和荷西的警惕心理才慢慢放松下来。大家围坐在一起,谈笑风生,度过了一个愉快的下午。在奥菲鲁阿的几位哥哥里面,他的二哥引起了三毛的注意。

奥菲鲁阿的二哥步伐稳健，眼神锐利，一看就绝非一般人物。他究竟是谁呢？三毛的心里不由打了一个大大的问号。

在太阳即将落山时，三毛和荷西起身告辞。临别时，奥菲鲁阿的二哥走了过来，他用力地握住三毛的手，热情地说："谢谢你！谢谢你照顾沙伊达！"

沙伊达是三毛熟悉的一位好朋友，也是当地少有的绝色美女，而且她还是三毛通过奥菲鲁阿认识的，怎么奥菲鲁阿的二哥突然提起了沙伊达呢？

对方似乎猜到了三毛内心的疑问，直截了当地说："沙伊达是我的妻子，再次感谢你。"

自己的这位好朋友，还和眼前这位英俊的游击队员有这层关系，三毛不由暗暗苦笑，为何从未听沙伊达说过呢？

在回去的路上，三毛又下意识地聊起了奥菲鲁阿的二哥，当她谈到沙伊达和对方的夫妻关系时，奥菲鲁阿不经意地脱口而出："也只有我哥哥巴西里，才配得上我们这里最为美丽的女子。"

"巴西里？"突然间，荷西一脚急刹车，越野车猛地颠簸了一下。

与此同时，三毛也发出尖叫声："你说你的二哥是巴西里，真的是巴西里吗？"

也难怪荷西和三毛如此失态，要知道在整个西属撒哈拉地区，提起巴西里的大名，无人不知。他是当地赫赫有名的游击队领袖，哈拉威人的灵魂，在普通人眼中，他是一个神秘无比的存在。

不过在得知了巴西里的真实身份后，三毛的心里升起了一种不祥的预感：巴西里快要死了。三毛的预感一向非常准确，为此她一路上心神不宁。

几个月后，三毛的预感得到了证实。

十月底的一个下午，三毛在镇上给汽车加油时，听到了巴西里被打死的消息。

三毛刚刚送沙伊达前往医院，因此她也发疯般地赶去了医院。可是在医院里，不仅不见沙伊达的身影，连奥菲鲁阿也找不到。从医院出来，她多方打听，得知沙伊达也被抓走了。

黄昏时分，沙伊达被押往镇上经常屠宰骆驼的地方，在这里，他们要公审沙伊达。

忽然，奥菲鲁阿不知从什么地方冒了出来，他拼命地冲上前，试图保护沙伊达。可是周围执行命令的几名男子，端起枪一阵乱射，最后把他和沙伊达都打死了。

目睹这一切的三毛，浑身颤抖，她的大脑一片空白，直到天色完全黑了下来，她才拖着沉重的步伐离去。回到家里，三毛一头栽在了床上，昏昏沉沉地睡过去了。

夜里她不知惊醒了多少次，每一次醒来，她都扯着被角无

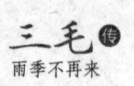

声地哭泣。只要闭上眼睛，巴西里、奥菲鲁阿、沙伊达的脸孔，就会一一闪现在她的面前。幸运的是，巴西里和沙伊达的孩子，在三毛的帮助和安排下，提前被送往了西班牙。这也是三毛唯一感到欣慰的地方。

第四章 梦里依稀花落

结婚以前,在塞哥维亚的雪地里,已经换过了心,你带去的那颗是我的,我身上的,是你的。埋下去的,是你,也是我。走了的,是我们。

——三毛《梦里花落知多少》

动荡的撒哈拉

西属撒哈拉的局势越来越动荡了,在这样的局势下,生活在这片土地上的本地人和外地人,也处于人人自危的境地中,他们各自想方设法,努力逃离这是非之地。

三毛和荷西也只能向心爱的撒哈拉说再见了。黄沙、秋阳、沙堆、蔚蓝的天空,以及那遍地的仙人掌,从此就只能存在于三毛魂牵梦绕的睡梦中了。幸运的是,三毛和荷西在当地生活的这段时间,结交了很多好朋友,在他们的帮助下,逃离阿雍并不是太困难。问题是,荷西却不能随三毛一起走。

荷西的公司号召员工配合军队,在全部撤离前,将重要的东西一块运出去。三毛要和荷西一起撤离,荷西第一次严肃地对三毛说:"你必须先离开,这样我才可以心无旁骛地工作,即使最后撤离,一个男人也容易得多!"

荷西说的是肺腑之言,如果三毛非要待在荷西身边,无疑会成为他的累赘,那样只能帮倒忙。关键时期,不是儿女情长的时候,无奈之下,三毛只好先行乘坐飞机,前往大加纳利岛,在那里等候和荷西会合。

到达大加纳利岛的三毛,在一位朋友的家里住了下来。心神不宁的她,日夜牵挂着大西洋另一边的荷西,为他的安危祈祷。她相信,凭借荷西的能力,一定能平安归来。

在大加纳利岛等待荷西的日子,真正让三毛明白了什么是度日如年。她曾发疯般地给荷西的公司打电话,想得知荷西最新的情况。然而所有的电话都石沉大海,无人应答。荷西仿佛突然从这个世界上消失了一般。不知道为什么,他也从来没有传一星半点的消息给三毛,哪怕是一次短短的主动联系都没有。

荷西那边的情况究竟如何了呢?

电话、电报都联系不上荷西,在朋友家里坐卧不宁的三毛,干脆从家里出来,直接来到当地的机场,每天从早上守候到晚上。她多么期望奇迹出现,在落地的飞机中,突然出现荷西的身影和他灿烂的笑容。

可是,每一天,三毛都失望而归。

她孤独地走在返回朋友家的路上,内心纠结惆怅!平生第一次,三毛对一个人如此牵肠挂肚,以至于茶饭不思,日夜难安。为了排解对荷西的担忧和思念之情,三毛每天大量地抽烟,一天就要抽掉三包之多。

一天,两天,五天,十天……就在三毛快要陷入绝望的时候,她日夜思念的荷西突然出现在了她的面前。

一脸憔悴的荷西,神情中难掩久别重逢、劫后余生的喜悦。

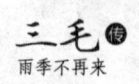

三毛如小鸟一般，迫不及待地扑入了荷西的怀抱，喜极而泣。在一番长久的拥抱后，三毛才来得及打量荷西带回来的东西。

令她惊喜的是，他们的爱车，那辆白色的越野车也随着荷西一起回来了。车上装满了三毛心爱的物品：骆驼头骨、化石、书信等，将车子的空间塞得满满当当。

三毛惊喜地看着荷西，兴奋地问："你是怎么将这些物品带回来的呀？一个人平安回来已经很不容易了，没想到……"

荷西告诉三毛，三毛离开阿雍后，阿雍的局势便一团糟，最严重的时候，阿雍地区断水断电长达十几天，食物、汽油、药品严重匮乏，通信方式全部封锁，所以才迟迟和三毛联系不上。

完成了公司的任务后，荷西面临的窘迫境况是无飞机可乘了，聪明的荷西，立即想到了走海路的方式。他当机立断，开车跑到了海边，在长达两天两夜的等待后，终于等来了一艘军舰。

然而当荷西和军舰上的人员沟通时，刚刚燃起的希望又被兜头一盆凉水给浇灭了，对方拒绝荷西搭乘军舰的请求。

恰巧此时其中一艘船的底部出了问题，急需专业的潜水员下水处理，在这方面有着一技之长的荷西自告奋勇，前提是带他上船。就这样，荷西凭借着自己的潜水技能，成功解决了问题，而他也得到了一次宝贵的逃生机会。

后来三毛给自己的父母写信，报告了荷西平安回来的消息，信中，三毛极力称赞荷西："爹爹，姆妈，你们一定会喜欢荷西，经过这次的考验，我对他敬重有加。别人的先生逃出来只一个手提包，脸色苍白，口袋无钱，乱发脾气，荷西比他们强很多很多。我们陈家人，有骨气，但是性格全都内向、过分老实，但是荷西就是'滑落'，也不自苦，也不多愁善感，我很欣赏他，粗中带细，平日懒洋洋，有事不含糊。"

这一次逃难事件，三毛再次加深了对荷西的认识。对情感专一的荷西，聪明能干，为人实诚，从内心深处，三毛更加热爱和敬重她这个阳光乐观、如大男孩子一般的丈夫了。有荷西在，自己还有什么值得担心的事情呢？

又一次难忘的蜜月旅行

重逢后的荷西和三毛,做的第一件事情就是寻找适合两人居住的温馨小家。一番寻找后,他们很快就在一个距离城市二十多里的沿海社区,找到了一处合适的小房子。这里虽然偏僻了些,但安静的氛围和优美的自然环境令人心旷神怡。尤其是房子的前面有一处平展的小海湾,在院子里随意望去,就可以看到海上来往穿梭的船只。对了,一棵别有风情的棕榈树,生长在院子的一角,给小院平添了诗意。

房子的主人是一对瑞典夫妇,整个屋子里的陈设也令人满意,客厅、卧室、浴室应有尽有。

在里里外外参观了一遍他们的小家后,三毛幸福地望着荷西说:"以后这就是我们的新家了,我们一点一点去经营它,让这里成为我们幸福快乐的源泉。"

搬进新家后,荷西没有闲着,他将车子里的物品慢慢地搬到屋子里,分门别类地整理好。当夜晚来临,劳累了一天的荷西沉沉入睡后,灯下的三毛幸福地拿起笔,给父母写着自己心里点点滴滴的感受:"荷西已入睡,十日来,他白天上班,夜间搬家,尚去办好了此地 Las Palmas 的药医保险,是一个了不起的好男子汉,我太爱他了,我当初嫁他,没有想到如此,我们的情感,是荷西在努力增加,我有这样一个好丈夫,一生无憾,死也瞑目。"

这次从阿雍逃出来,由于荷西负责了公司的善后工作,所以他拥有了整整一个月的假期,一个月的假期结束后,他要听从公司的重新分配。在这样一段宝贵的时间里,他和三毛决定,以自驾游的方式,好好地游览一番加纳利群岛。

加纳利群岛共有七个主要海岛,三毛兴奋地说:"我们就将七个岛屿一起玩遍好了,不过事先我要做好了解工作。"

每到一处新的地方,三毛总有一个习惯,就是借阅介绍当地人物风情的书籍,以便对接下来的行程有一个大概的印象。这一次也不例外,性格开朗的三毛,逢人便询问有没有介绍这个群岛的书可供她阅读。

很快,三毛借书的事情便传遍了她的左邻右舍,在他们的帮助下,几本有关加纳利群岛介绍的书便摆在了三毛的面前。通过阅读,三毛对所要游览的对象有了一个初步的概念,随后要做的,就是实地走访,以印证书中的内容是否如描述那般属实。

从地理位置上看,位于大西洋上的加纳利群岛,总面积为 7273 平方公里。其中拉芭玛(La Palma)、伊埃萝(Hierro)、拉歌美拉(La Gomera)、丹纳丽芙(Tenerife)四岛属于丹纳丽芙省，富得文都拉（Fueteventura）、兰沙略得（Lanzarote）和大加纳利三岛属于拉斯巴尔马省。

三毛和荷西自驾游的第一站是丹纳丽芙岛。

幸运的是，三毛和荷西恰巧赶上了该岛一年一度的嘉年华盛会。盛会热闹非凡，吸引了全岛的民众，大家盛装异服，载歌载舞，每一个人都沉浸在欢乐的海洋里。三毛望着眼前尽情欢舞的人们，她突然觉得，在忙碌的生活之外，还另有一种有意义的人生，这就是享受生活所赐予的悠闲。

第二站是拉歌美拉岛，小岛距离丹纳丽芙不过一个半小时的车程。还未来该岛之前，三毛就了解到，岛上的居民会一种特别的口哨传音法。等到她真的踏上这个岛屿时，也确实见到了由当地人表演的口哨绝技。

表演者是两名五十多岁的男子，一个人吹出指令动作的哨音，另一个在远处等候指令的人，就能够做出和指令相符的动作。可惜的是，这种神奇的口哨语言，岛上的年轻人已经不爱学习了，如果有了这项优秀的民族文化传承，小岛的旅游事业就会上一个新的台阶。

拉芭玛岛是第三站。小岛绿树浓荫，盛产葡萄、美酒、杏仁等特产，三毛和荷西乘坐当地的长途公交，开始沿着小岛南部地区一路游览观光。等到达终点站之后，顺着旁边的一条小路走下去，出现在三毛和荷西面前的是一处位于山谷之中的平原。平原面积不大，却景色优美，处处开满了白色的杏花。杏花深处，矗立着一座座红瓦白墙的宅院，鸡鸣狗吠，牛羊成群，好一幅世外桃源风光，恍惚间，仿佛一脚踏入了中国的江南，在美不胜收的宁静田野风光中，忘记了来时的路。

　　岛上的风光太过优美了，三毛和荷西都不愿意过早离去。他们一直在岛上盘桓了十二天，这才恋恋不舍地返回了丹纳丽芙岛。

　　按照行程计划，三毛和荷西准备前往伊笛大雪山露营。然而刚刚到达目的地，三毛就不慎感染了风寒，为三毛的身体着想，荷西只好取消了游览伊埃萝岛的行程。在大加纳利岛的家中休息了几天后，三毛的高烧终于消退了，可是此时两人手中的积蓄又不多了，他们只得比较再三，决定放弃富得文都拉岛，直接前往最顶端的兰沙略得岛。

　　兰沙略得岛上遍布火山口，总数大约有三百个。在这里，三毛和荷西租借了一辆摩托车，每一个火山口都留下了他们的足迹。后来在旅店老板娘的介绍下，他们又乘坐一艘小船，前往小岛北边的拉加西奥沙游玩。这里拥有世界上最为美丽的海底世界，喜爱潜水的荷西，早就迫不及待了，因此当他们一来到拉加西奥沙，荷西就开始了他的潜水体验。

　　一次酣畅淋漓的潜水，让荷西精神焕发，虽然三毛在岸上等候了他很长的时间，可是看到自己心爱的男人如此痴迷于此，三毛心甘情愿地坐在岸边，直到荷西从水中兴高采烈地浮了上来。

在三毛和荷西的眼中，拉加西奥沙简直是天堂般的存在。这里风景如画，气候宜人，丰富多彩的海底世界也令人着迷。不过时光匆匆，荷西的假期已经所剩无几了，他们不得不匆匆结束这次难忘的海岛之旅。如梦幻一般，惊醒之后，又回到了现实之中。

回家

没有想到的是，尽管前路危险重重，荷西还是义无反顾地重返撒哈拉工作。按照工作安排，荷西每个星期才能往返一次，在周末短暂的时光里，他全身心地陪着三毛，守护着三毛。

荷西冒着生命危险，只为了能养家糊口，能够让三毛过上衣食无忧的生活。每次荷西返回撒哈拉工作的时候，三毛的内心都像是刀绞一般疼痛，失魂落魄的她常常会无所适从，这种令人不安的感觉，直到荷西周末返回才能稍稍缓解。

尽管备受精神上的煎熬，可是为了不让远方的父母担心，在写给父母的信中，三毛又化身乐观阳光的形象，告诉家里人她在这里一切安好，生活安稳，岁月静好。

荷西不在身边，三毛就想方设法排解苦闷单调的日子。每天早上，她会开车去镇子上采购生活必需品。返回后，就安安静静地待在家里，读书写作，练习书法。

当初在撒哈拉的时候，热情的三毛结交了很多朋友，家里面常常是客来客往，热闹非凡，但也无形中打破了家的寂静。

这一次，三毛本想"闭门幽居"，远离身边的邻居，但本性好客和助人为乐的她，还是很快被周围的邻居所熟知。每次三毛上街，大家都会和她热情地打招呼，而三毛，也竭尽所能地为大家提供生活上的便利，比如替他们捎带一些生活用品，或是顺路将小学生送往学校。

有一名叫作加里的瑞典人，住在三毛的隔壁，他身体不好，腿部经年生疮，缺少关爱的他，在三毛和荷西的热情帮助下，得到了很好的医疗救助。只是后来，老人还是因伤病复发，死于感染，这让三毛难过了好久。

三毛乐于助人的好心，也得到了回报。她曾在自家的后院种植了一些红萝卜，可是长势一直不是太好。她右边的邻居，一名和蔼的老头，看到为红萝卜生长而愁眉苦脸的三毛后，主动给她提供种植指导。

艾立克老人也是三毛的好朋友，会做木匠活。三毛的车库门坏了，艾立克老人得知后，很快就帮三毛修好了。在修理车库门时，艾立克告诉三毛，晚上他那里会举办音乐会，他邀请三毛前去参加。

晚上，在艾立克家的天台上，一场别开生面的音乐会按时开演了。参加的大多是附近的老人，他们各自演奏着自己喜爱的曲子，热闹温馨，还有人和三毛跳起了优美的舞蹈。在这群乐观且充满活力的老人面前，三毛感受到了另一种生命形式的美，他们对生活的热爱，让三毛倍加感慨。

日子是快乐的，在快乐的背后，也常隐藏有很多不为人知的辛酸。尽管荷西在撒哈拉拼命地工作，但三毛和荷西两人的手头一直不怎么富裕，有时还可以用拮据来形容。

一次三毛在开车回家时，不小心出了一场车祸，车祸让三毛落下了下体出血的隐疾，因为囊中羞涩，这一隐疾没有得到彻底的治疗。后来病情严重，反复复发，三毛为此做了两次手术，身体虚弱到了极点。那时候，荷西恰好换了一份新工作，在离家不远的地方找了一份安装海底电缆的活，一个月九百美元，可是为了照顾三毛，体贴入微的荷西毅然辞掉了这份工作，回家倾心陪伴三毛。

对于荷西而言，爱情和事业相比，或许爱情更为重要一些。没有了钱，还有机会去赚、去拼搏；但亲情的陪伴，爱情的呵护，却不是金钱可以弥补的。

1976年3月26日，三毛迎来了自己三十三岁的生日。这一天，她又提笔给父母亲写信，信中她饱含深情地写道："我的半生，到现在，已十分满足，金钱、爱情、名声、家庭都堪称幸福无缺，只缺健康的身体，但是，我也无遗憾，如果今后早死，于己于人都该贴红挂彩，庆祝这样的人生美满结束，我的心里毫无悲伤，只有快乐。"

什么是幸福呢？金钱、名利还是蒸蒸日上的事业？其实幸福很简单，遵从自己的内心，简单地爱，简单地生活，有一个爱自己的另一半，这就是幸福。

三毛的病情反反复复，为了彻底治疗这一顽疾，三毛决定返回台湾接受手术。三毛暂别荷西，一个人返回了台湾。

七年了，三毛终于再次返乡，回到了父母的身边。

虽然阔别七年之久，然而在父母的眼里，三毛依然是他们的"小棉袄"，是永远也长不大的"乖巧女儿"。

三毛也愿意成为父母心中的小孩子，她曾深情地说："我想我从来不会这样爱过他们。过去我对我母亲的爱只感到厌烦，很腻。现在再想起来，我觉得我已能领会、享受他们的爱的幸福，我完全了解他们对我的爱了。"

三毛在台湾治病期间，她的文学创作事业也上了一个新的台阶。曾经在《联合报》上发表过《中国饭店》的三毛，在主编平鑫涛的鼓励下，一直笔耕不辍，将她在撒哈拉生活的点点滴滴都记录了下来。1976年5月，这些文章由皇冠出版社结集出版，新书的名字叫《撒哈拉的故事》。

《撒哈拉的故事》一经推出，便受到了无数读者朋友的喜爱。三毛细腻的笔调，真实感人的写作风格，深深征服了无数书迷。很快一股前所未有的"三毛热"在台湾兴起，并从台湾地区蔓延到港澳地区，进而横扫整个华语世界。

尤其是大陆的年轻人，他们为三毛痴迷疯狂，还为此掀起了一场"流浪文学"的浪潮。当时只要有华人在的地方，三毛就是大家争相谈论的对象。

三毛还参加了诗人余光中发起的"让现代诗与音乐结婚"

的民歌运动。正是在这一时期,《橄榄树》《一条日光的大道》等歌词从三毛笔下倾泻而出,并由古典音乐作曲家李泰祥谱曲。

一开始,《橄榄树》并未被唱火,商业推广的力度也不足。到了1979年的时候,这首歌曲被选为电影《欢颜》的主题曲,歌手齐豫重新翻唱了这首歌,她那高亢沧桑的嗓音,如涓涓溪流,直入心田。大街小巷,人们都在哼唱着"不要问我从哪里来,我的故乡在远方,为什么流浪,流浪远方,流浪",《橄榄树》由此成了华语乐坛上又一经典力作。

三毛成名了,喜上加喜的是,她的顽疾,经一位朱姓大夫之手,也得到了彻底的治疗。康复之后的三毛,又重新返回了大加纳利岛,回到了荷西的身边。

第四章 梦里依稀花落

没有人可以欺负我们

三毛不在荷西身边的日子,荷西的事业发展并不顺利。他找了几份工作,都不太令人满意,后来他又和朋友合伙做生意,也是一败涂地。这一期间的所有开支,都靠着三毛的稿费在支撑。

三毛对此毫无怨言,可是对于有点大男子主义的荷西来说,一个家,就应该由家里的男人负责一切开支,用他自己的话来说,靠着太太的稿费生活,还不如去自杀。

当他再度和三毛重逢时,谈到养家的问题,荷西曾这样说过:"我,可以在全世界的人面前低头,可是在你面前,在你父母面前,总要抬得起头来,像一个丈夫,像一个女婿。"

荷西就是这样的一个男人,有着极强的自尊心,他不愿让三毛来提供日常的花费,不久后,他就找到了一份潜水的工作,工作的主要内容是负责打捞沉船。

可令三毛想不到的是,荷西所在的这家打捞公司,在用工方面非常苛刻。有一次,荷西离家三个月未归,三毛十分担心,跑到荷西工作的地方寻找他。在尼日利亚,当她见到荷西后,不由大吃一惊。几个月不见，荷西变得黝黑消瘦，身体虚弱。

在三毛追问之下，荷西说出实情。原来这家公司强迫员工每天工作长达十四个小时，工作多的时候，甚而长达十八个小时。为了防止员工溜掉，公司还强行扣留了员工的护照和潜水执照。高强度的劳作，令荷西不堪重负，身体也几乎快垮掉了。

听了荷西的讲述，性情暴烈的三毛简直快要气疯了。她和荷西算了一下，公司老板汉斯欠荷西一共八千美元的薪水。为了让公司早日支付这笔薪水，三毛一开始选择忍气吞声，试图以软的手法说服汉斯。

可是三毛委曲求全的策略失效了。汉斯对薪水的问题只字不提，反而还要安排荷西从事繁重的体力劳动。三毛实在是看不下去了，她当着汉斯的面质问他，谁知汉斯却傲慢地说："这里有你们女人说话的份吗？"

怒不可遏的三毛当场斥责汉斯："你这个婊子养的家伙！"荷西非常尴尬，他赶忙将三毛拉到了一边。

三毛看到忠厚的丈夫被一个可恶的小人欺负，她决定和汉斯全面摊牌。在一次聚会上，三毛拉住汉斯，给他算了一笔细账，并明确告知他支付薪水的最后期限。在三毛有理有据的争取下，汉斯灰溜溜地跑开了。

一向言而无信的汉斯，在三毛提出的最后支付期限到了之后，依然拖着薪水不发。焦急恼怒的三毛，下体出血的毛病又复发了，她在被迫离开尼日利亚前，当面对汉斯说："也许你也有求我的一天，做人不能太绝。"

离开之前，三毛多次提醒荷西，一定要在五月底前离开这里，即使拿不到薪水也没关系。可是直到六月初，荷西还没有动身。其中一大原因是汉斯在一次外出中出了车祸，身受重伤，这时他不得不向三毛求助。

得知丈夫荷西也受了伤，三毛只好再次返回尼日利亚，她在照顾荷西的时候，也顺带帮了一把汉斯。然而汉斯就是一个忘恩负义之徒，直到最后，也没有将拖欠荷西的薪水补齐。

三毛将这一次难忘的经历，写进了《五月·花》中。在文中，她无情地揭露了这个黑心德国商人的丑恶嘴脸。

对于老实忠厚的丈夫荷西，三毛告诉他："失业没关系，就怕你丧失了锐气和志气，绝不能因为一口饭而被别人踩在脚下。"

情到深处是无声

对于荷西来说,在尼日利亚的打工经历,堪称一场人生的噩梦。辛辛苦苦工作了一年之久,到最后却只拿到可怜的三个月的薪水,那名黑心的德国商人,真是毫无人性。

不管怎样,荷西总算平安回到了三毛身旁,两人在大加纳利岛安稳幸福地生活了一段时间。到了1977年年底的时候,荷西又找到了一份让他非常满意的工作。当时丹纳丽芙岛想要修建一处"海边景观工程",打造一片秀丽的人造海滩。这正是荷西所喜爱的,他高高兴兴地上班去了。

丹纳丽芙岛和大加纳利岛相去不远,坐渡轮也不过四个小时的时间,即使如此短的路程,三毛也不习惯没有荷西陪伴在身边的日子。后来饱受相思之苦的她,干脆直接来到了荷西工作的地方,两人在丹纳丽芙岛海边租了一个房子。每次荷西下海工作的时候,三毛就静静地待在阳台上,欣赏着大海碧波万里的美景。

和在撒哈拉一样,荷西依旧将三毛当作单纯的小公主宠爱,

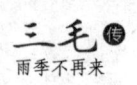

只要是三毛看中的礼物，荷西总会不计成本，毫不犹豫地买给她。

有一次，街边一家商店的一个划船娃娃吸引住了三毛，只是价格太过昂贵，三毛舍弃了。回到家，三毛对荷西无意中说起这件事情，说划船娃娃来自东方，模样竟然和自己非常相像呢！

说者无意，听者有心！几天后，当三毛准备做家务的时候，突然在箱子里发现了那个划船娃娃。显然，这是荷西偷偷买下来送给她的，正如当年荷西跑了一上午，为她寻找喜爱的骆驼头骨一样，只要是三毛喜爱的东西，荷西总会想方设法满足三毛小小的心愿，给她带来无尽的惊喜。

那段时间，三毛无意中喜爱上了在石头上画画，这也和丹纳丽芙岛遍地都是奇形怪状的石头有关。

迷上了画石的三毛，为了寻找到心目中理想的石头，不顾危险在海边捡石头。有一次巨浪冲上海滩，差一点将三毛卷进大海，幸亏旁边有人及时发现，伸手相救，三毛才得以脱离险境。

尽管如此，三毛依然沉迷其中。在她所有的空闲时间里，她把自己的身心全部投入到了绘画的创作中去，如痴如醉，也几乎不眠不休，那种执着和专注带来的快乐，只有真正地将身心融入其中的人才能体会。

经过挑拣筛选，三毛从中选出了五六块石头，这是她最中意的宝贝。复活节来临时，她在大加纳利岛上的邻居一家来丹纳丽芙岛游玩，三毛事先将这些宝贝石头藏了起来，然而还是逃不过朋友洛丽的妹妹班琪锐利的眼睛。最后临走时，对方苦苦哀求，带走了其中四块石头，三毛的心像是被针扎了一般疼痛难舍，好几天都魂不守舍。

这还不是最糟糕的。

三毛将剩余的宝贝石头珍藏起来，放在了床底下。平日里都是她熟悉的一个清洁工人来打扫卫生，石头平安无事。谁知有一次，那名清洁工人临时有事，请了另外的人替班，对方不知道床底下的石头是三毛的"宝贝"，直接给当作垃圾扔了，石头不知所终。三毛发现后，痛不欲生！

还有比这更让人崩溃的事情吗？欲哭无泪的三毛，不知该用什么言语来形容她糟糕的心情，她在石头上倾注的心血，她所附着在上面的精魂，都因为清洁工人的疏忽大意而化为乌有。

无法宣泄内心苦闷的三毛，一个人跑到海滩上，痛痛快快哭了一场，直到天黑才失魂落魄地返回居住的地方。

1978年年底，在荷西长达一年的工作之后，海景工程初步告一段落，他们马上就要离开这座美丽的小岛了。在决定返回大加纳利岛时，恰巧是中国的农历新年，三毛和荷西来到完工的海堤上，一直坐了一整天，坐到了日暮黄昏。看着夜色下人潮涌动的海滩，三毛在心里暗暗许愿：但愿人长久，但愿人长久！

返回大加纳利岛不久，荷西又有了新的任务，公司要求荷西赶快前往拉芭玛岛，参与到修建机场与港口的工作中去。

荷西是一个闲不住的人，他匆匆和三毛告别，告诉她自己到了工作的地方，一旦安顿好，就会尽快和她联系。依依不舍中，三毛送别了荷西。

家里面一下子失去了荷西的身影,对于三毛来说,顿时感到到处都是空落落的。她的心灵找不到一处可以安放的地方。每当寂静的深夜来临,她只能暗暗祈祷,祈祷荷西能尽快安置好,然后将她接过去。

一个星期后,荷西终于给三毛发来了电报:"这里的房子暂时紧张,不过没关系,你来了后我们可以租借旅馆住!"

虽然条件还不是太具备,可是三毛的心早已飞到了荷西的身边。她一分钟也不愿意停留,恨不得下一秒就和荷西见面。

三毛乘坐的飞机在拉芭玛小岛上一处偏僻的机场降落。先前她曾和荷西一起游览过该岛,然而这一次踏上小岛,环视周围的风物时,三毛发现在如烟如画的美景背后,却藏着一股说不清楚的哀愁。向来敏感的三毛,内心不由升起了一种不祥的预感:为什么自己会有一种酸楚的滋味呢?

只是将要和荷西重逢的喜悦,很快冲淡了三毛内心深处的这股忧愁。荷西也在三毛到来前找到了一间旅馆,格局是一房一厅,虽然面积不大,但足以承载两人温馨的世界。

就这样,在拉芭玛岛,在荷西的身边,三毛又踏踏实实地住了下来。她眼里的世界,只有这个作为家的临时住所和她最爱的荷西。波涛起伏的大海,伸向遥不可及的远方,三毛无暇将心思飘荡到波涛深处。

每天荷西下班,总是快步回家,他知道,在小小的家里面,有他值得一生守候的三毛在等着他。不知不觉间，荷西和三毛已经结婚六年了。六年的时间，在人生中，不长也不短，如果回望来路，也是一段充满美好回忆的旅程。但对于荷西来说，他无须回忆，因为他和三毛结婚以来的点点滴滴，就好像依然是昨天才发生的一样，熟悉得仿佛一伸手就可以触摸到。

荷西清晰地记得，有一次，三毛要他讲授英文课程，或许是厌倦了，或许是领悟能力不够，三毛气得将手中的笔摔在了一边。荷西也不甘示弱，将学习的本子也重重地摔在了桌子上，嘴里还大喝道："你就是一个傻瓜女人！"

在三毛的记忆中，还从来没有见过荷西发这么大的脾气，怒不可遏地咒骂她。静静地站立了几秒钟的三毛，一扭身冲进了浴室，拿起剪刀在头上乱剪一气。

荷西看到她这种疯狂的举动后，反而拿起车钥匙，直接出门离开了，一句劝解也没有。

荷西走后，三毛的眼泪不争气地流了下来。她躺在床上，几乎一夜未眠，她想不通荷西为何要这样对待她。直到凌晨五点多钟，荷西才从外面返回，对她温柔以待，帮她擦掉脸上未干的泪痕，最后安慰她说："我就是忍不住说了一句重话，你都成这个样子了，如果有一天我先一步离你而去，你又会是怎样的一个模样呢？"

荷西的话语，直入三毛脆弱敏感的内心，她一把抱住荷西，不允许他再说这些不吉利的话。不过从那之后，两人的感情反而更加亲近了，再没有因为生活上的事情红过脸、吵过架。

在这里生活了几个月后，和三毛、荷西待过的其他地方一样，他们很快结识了很多新的朋友。每到周末空闲的时候，大家相约一起出去游玩。树林中，海滩边，快乐的时光就这样匆匆而逝。

三毛的心脏一直不是太好，如果太过劳累，或是受了惊吓，就会引发心绞痛，严重时，会连一句话也说不出来。有一次，两人去看了一场恐怖电影，回来的路上又打打闹闹，谁知引发了三毛的心脏问题，难以行走的三毛，是荷西一路背着回去的。不过从那时开始，荷西养成了夜里睡觉时非要握住三毛手的习惯。

不在乎天长地久，只在乎曾经拥有。爱情的质量在于长度，更在于宽度和广度。荷西深知，他和三毛相处的每一分、每一秒都值得珍惜，三毛就是他今生唯一值得挚爱的女人。

除了受到心脏病的困扰外，这一段时间里的三毛，夜里还噩梦不断。梦中总是相同的片段，她想要登上一辆车，身边却没有荷西的陪伴。这样的梦境，又预示了什么呢？醒来的三毛，总有一种强烈不安的感觉，但又说不清楚问题出现在哪里。后来三毛认定她和荷西两人，很难白头偕老，而以自己的身体状况，一定会先荷西而去。为此不安的三毛，还专程一个人来到公证处，在公证人的见证下，悄悄写下了遗嘱。

身体不适、噩梦不断，加上三毛自我不祥的预感，让她非常珍惜和荷西相处的每一分、每一秒。以往爱去外面游玩的三毛，现在却推掉了大部分的约会，拒绝了朋友的邀请，她只想日日夜夜陪伴在荷西的身边,享受这难得的两人世界。

不知不觉间,三毛变得更加黏人了。每天一大早,三毛就出门采买一天的生活用品。每次采买,她总不忘买上一些新鲜的水果,尔后一路骑行到荷西工作的地方。

荷西的同事早就认识了三毛,看到她过来后,就向水下的荷西发出指令,荷西便很快从水里浮上来。两人每次相处的时光尽管只有短短的几分钟,不过对于三毛来说,能够看到荷西,能够看到荷西吃着水果露出喜悦的样子,就忘记了一切的烦恼,也心满意足了。

时间久了,荷西的一位同事和三毛慢慢熟悉了,就有了"八卦问到底"的兴趣。有一次,他不禁好奇地问:"你们结婚几年了?"

三毛说:"马上就六年了,差不到一个月。"

"真的吗?我还以为你们新婚燕尔呢!看着你们恩爱的样子,相信每一个人都会心生嫉妒的。"同事半是玩笑半是认真地说。

三毛愿意和荷西待在一起的情绪,也渐渐传染给了荷西。以前荷西总是下班后才返回他们温馨的小家,而现在,只要机器出了问题,短时间内很难修好的话,荷西就会脱掉厚厚的潜水服,返回家中寻找三毛。如果哪天三毛恰巧出去了,荷西就上街去寻找她,两人在半路上不期而遇时,荷西会伸出双手,热烈地拥抱三毛,丝毫不会理会路人惊诧的目光。

很快到了三毛和荷西的结婚纪念日。这样一个重要的日子，三毛自然是满怀期待。可在家中等候的她，却迟迟等不来荷西敲门的声音。最后三毛实在是坐不住了，就下楼去寻找荷西，恰巧迎上了返回的荷西。

令三毛惊喜的是，荷西手里托着一个礼品盒，盒子里面，是一块刻有罗马字母的老式女用手表。样式精美小巧，这也是三毛结婚以来拥有的第一块手表。

帮三毛戴上手表后，荷西深情地说："以后的每一天每一夜，每一分每一秒，你都要将我记在心里。"三毛原本喜悦的心，突然被这一句话给惊到了，无来由地鼻子开始酸楚起来。

暗夜沉沉。窗外传来远处海浪拍打海滩的声音，此起彼伏。忙碌了一天的荷西沉沉入睡了，三毛却丝毫没有睡意，她静静地坐在床边，内心五味杂陈，脑海中也像播放电影画面一样，从结婚到现在，她和荷西生活的场景，都争先恐后地跳了出来。

她想起十七岁那年，她和荷西第一次惊鸿一瞥的相遇；她想起在拒绝了荷西后，荷西孤独无助离去的身影；她想起荷西掉落在泥沼之中，两人拼力逃出生天的场景。悠悠的往昔，让三毛的内心荡起了层层波澜。

忽然间，三毛一把将荷西推醒，看着睡眼惺忪的荷西，三毛无限温柔地说："荷西，我爱你！"

荷西还未从睡意蒙眬中完全清醒过来，他迷惑不解地询问三毛："刚才你说了什么呢？"

三毛重复道:"荷西,我爱你!"只是这一次,三毛的语调里带着一种哭泣的味道。

"真的吗?这么多年了,你终于肯这样对我敞开心扉了。"荷西高兴地翻身坐起,一把抱住三毛说。

"其实我一直是爱着你的,将你当作了我生命里不可分割的一部分,你知道吗荷西?"

荷西的眼泪止不住地流淌下来。他们结婚整整六年了,为了三毛这一句话,他也整整等候了六年之久。

其实,正如三毛所说,她一直是爱着荷西的,只是在今天这样一个特别的日子里,三毛才第一次如此郑重地说出口。三毛还清晰地记得,1974年4月27日,那天她在给父母的信中,颇有感触地写道:"我的一生有苦有乐,人生实在是奇妙而又痛苦。我并不能说我十分地爱荷西,但是跟了这样的人,应该没有抱怨了。他是个像男人的人,不会体贴,但他不说,他做,肯负责,我不要求更多了……回想马德里所有的男朋友,没有一个比得上荷西,我不后悔我的选择……我很高兴我有了归宿,我太幸福了。许多人一生只活一次,但我活了许多次不同的人生,这是上帝给的礼物。我从来没有跟荷西吵过架,将来也不会吵,心情很平静,是再度做人了,我要改的地方很多,我都改掉了。这块顽石也被磨得差不多了。"

对于三毛来说,"我爱你"三个字,是不会轻易说出口的,说出来就意味着一生一世的承诺,一生一世的相守,一生一世

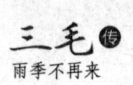

的忠贞不渝。如果彼此之间没有感情和爱,那么它只是流于形式的一种敷衍表达,这根本不符合三毛一贯的性情和为人,她在等合适的时机,亲口向她深爱的另一半作出庄重的承诺。

后半夜,两人彻底无眠,静静地相拥在一起,说着说不完的话题。

几天后,三毛在家里做家务的时候,突然间心绞痛又复发了,浑身难受的她只好躺在床上休息。荷西一直像往常一样,等候着三毛的到来。迟迟不见三毛身影的他,着急得连潜水服都顾不上脱掉,就直奔家里而去。

一进门,看到三毛在床上蜷缩着,荷西赶忙上前抱住三毛,询问她哪里不舒服。三毛眼里含泪看向荷西,说:"荷西,如果有一天我先离你而去了,请你答应我,一定要找一个姑娘好好爱你,照顾你,关心你,知道了吗?"

"你在说些什么呀?"荷西不高兴了。

"我必须事先给你说清楚,你一定要听我的话,找一个姑娘来结婚,否则我的灵魂是不能安宁的。"三毛再次焦急地强调着。

"你今天真是糊涂了。好了,不许你说这样的话,如果真有一天你先离我而去,我就离家出走,在海上漂泊终老。"荷西一脸认真地说。

"漂泊终老可以,只是记得答应我找一个姑娘好好相爱。"三毛依然"不依不饶"。

荷西长长叹了一口气，他安顿好三毛，轻轻地离开了。

在三毛的心里，她一直预感自己会早一步离开荷西。她不敢去想，如果荷西身边没有了自己，将会是一个什么模样。有时三毛会想：荷西会不会因此疯掉呢？想必一定会吧！

三毛越来越想返回大加纳利岛了，她希望荷西早一点结束这里的工作，等到第一期工程完工，他们就第一时间返回大加纳利岛。

然而，三毛终究还是没有实现和荷西一起返回大加纳利岛的愿望。

连一声再见都来不及说

1979年的夏天,对于荷西来说,是一段令他激动而又忐忑的日子。因为从三毛口中得知,三毛的父母要来大加纳利岛看望女儿女婿了。这又如何不让荷西在兴奋的期待中,又有些小小的不安呢?

为了能够和岳父岳母好好地沟通交流,荷西开始拼命地练习汉语,每天都要抽时间练上好几个小时才肯上床休息。

当三毛的父母乘坐飞机降临后,亲自赶到机场迎候的荷西用生硬的汉语喊着"爸爸妈妈"时,那种从心理上对岳父岳母的认同,让三毛感动不已。

回到家里后,荷西也是热情地忙前忙后,协助三毛为两位老人准备了一桌丰盛的饭菜。吃饭的时候,三毛习惯喊爸爸"爹爹",荷西也笨嘴笨舌地有样学样。虽然他的发音显得那么生硬,但听在三毛的耳朵里,却如天籁一般。她深深地感受到荷西是真心接受她的父母的,看着他们翁婿和谐温馨的画面,背转身的那一刻,三毛不由热泪盈眶。

荷西体贴周到，为了带岳父出去兜风，他说服三毛，特地买了一辆摩托车，每天都和老人出去游玩一圈。两人有说有笑，仿佛多年未见的好朋友一般。

在和岳父岳母相处的过程中，荷西也在不知不觉中被中国这种温馨相处的家庭氛围所感动。有时晚上睡不着，荷西就笑着和三毛商量，他们两个是不是也应该生养几个小宝宝呢？下班回到家，有人跑着过来喊爸爸妈妈，想一想这是多么令人感到幸福的一件事情啊！

每当这个时候，三毛总是笑着打趣他，以前怎么没有想到这个问题呢？荷西就会"狡辩"说："什么时候开始都不晚！"

真的是什么时候开始都不晚吗？三毛的内心深处，又泛起了那股一直萦绕在心头的隐忧。

三毛的父母在这里居住了一个月之久，对于荷西来说，美好的日子总是转瞬即逝，他和三毛很快就要分离了。三毛为了好好陪伴一次父母，计划和爸爸妈妈一起前往欧洲旅行一番。临行前，荷西来到机场送行，当飞机即将起飞的那一刻，三毛最后望了一眼跌跌撞撞奔跑着的荷西。他越过脚下的障碍物，拼命地向三毛挥舞着双手，三毛也缓缓举起手向他摇着，眼泪又不由自主地滑落了下来。

上了飞机后，邻座的一个女子和三毛攀谈了起来。她询问荷西和三毛的关系，得知三毛是荷西的妻子，她告诉三毛，自己这次前往欧洲，主要是为了看望儿子。

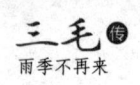

谈到儿子，女子的眼神里露出异样的光芒，不停地述说着自己是多么地不容易，亲手将儿子带大，说着她将自己的名片递给了三毛。

三毛匆匆扫了一眼，上面一行醒目的备注轻轻地刺了她一下。原来这个女人是一名寡妇，按照西班牙的传统，如果丈夫去世而自己又未改嫁的话，那么就要在名片上备注"某某先生的未亡人"的字样。

这难道是一种暗示吗？通过这一段时间和父母快乐地相处，本来已经放下了心中隐忧的三毛，一颗心又不由悬了起来，向来神经高度敏感的她，总是将一些具有特定意义的事情，当作对未来的一种预示。那一刻，三毛的心里非常不舒服，总有隐隐不安的感觉。谁曾想到，仅仅在两天之后，她最爱的荷西就要离她而去，而她的身份也变得和身边这个邻座女子一样？

尤其是三毛的父母，不远万里赶来和女儿一家欢聚，莫非冥冥之中真的有命运的大手在背后运转吗？让荷西在离开这个世界之前，和自己的岳父岳母见上一面，度过一段快乐难忘的时光？

1979年9月30日，三毛收到了对她有如晴天霹雳的消息：荷西在潜水的时候，突然发生了意外，没有能浮出水面。他如睡着了一般，在他最为喜爱的美丽海底睡着了。

得知消息的那一刻，三毛惊呆了，她不敢相信消息是真的。她一直以为自己会先一步离开荷西，她的预感没有错，错的只是先离开的不是她。

三毛哭着和父母道别，她要以最快的速度返回荷西身边，陪着丈夫走完他在人世间的最后一程，直到入土为安。

在荷西出事的海域附近，三毛两天两夜不吃不喝，眼泪也早已不知淌了多少，她只是痴痴望着波涛起伏的大海，祈祷人们早一天将荷西的遗体打捞上来。

三毛还记得，在临别的那一天，荷西深情地和妈妈相拥，安慰她不要流泪，笑着说："妈妈，你别哭了，我们很快还会见面的，我和三毛商量好了，明年年初的时候，我们两个一起返回台湾，到时记得要在机场接我们。"

言犹在耳，但斯人已逝。三毛痛恨为什么时光不能倒流，如果可以的话，她愿意为荷西生孩子，生很多很多孩子，他们一大家子回到台湾，和父母住在一起，那是怎样的一种幸福啊！

两天后，当荷西的遗体被打捞出水时，三毛还是不敢相信她挚爱的、挚爱她的荷西，会以这样的方式离去，连一句告别都来不及和她说。

下一个瞬间，她发疯般冲上前去，抱着荷西的遗体失声痛哭。为什么你要如此毫无征兆地离去？又为什么偏偏会是你？荷西，你能不能醒过来，说自己只是太累了，不小心睡着了啊！荷西，你还有那么多承诺，说要爱我一辈子，照顾我一辈子，你倒是醒醒啊！

三毛扑在丈夫遗体的胸口，摇着他，晃着他，拍着他，哭到歇斯底里，痛到肝肠寸断！

夜晚，三毛将身边的人都赶走了，她想要一个人静静地为荷西守灵。

她坐在荷西的遗体旁边，轻轻地拉着他的手。多少年来，她总是这样牵着荷西的手，一起相拥入眠。

眼泪再次夺眶而出，她低声对荷西说道："你好好睡吧，如果睡醒了，就一直向前走，走过黑暗，去迎接那道神圣的白光，那是圣洁的天堂，没有烦恼，没有痛苦。你不要怕自己孤单，且稍稍等我一下，我陪伴了父母后，也终会下去，永生永世和你在一起。"

泪眼蒙眬时，三毛看到两滴殷红的鲜血从荷西的眼角滑落！荷西一定听到了，听到了三毛撕心裂肺的倾诉，听到了三毛对他的承诺，他可以放心地去了，去另一个世界，静静地等待三毛和他相聚的时刻！

荷西死了，三毛的心也跟着死了，这个世界上，从此只有一个心如枯木的三毛！

在一家木匠店里，三毛请老木匠为荷西打了一个大大的十字架，上面刻着"荷西·马利安·葛罗"的名字，名字的下面，是一行小字：你的妻子纪念你！

终于到了要和荷西彻底告别的时刻了，毕竟，她再如何深爱着荷西，也要让他入土为安。安葬荷西的墓园，是荷西生前和三毛经常路过的地方。

墓园安静肃穆，种植有大量的杉树，白色围墙，隔开了阴阳两个世界。

当装载荷西的棺木被徐徐送入墓穴中，又随着一捧捧黄土长埋于地下时，三毛再次泪雨滂沱。她费力地扛起沉重的十字架，双手拼命地挖着黄土，只为能够在最后的告别时刻，为荷西亲手竖起这个十字架。

疯狂的三毛，不顾双手鲜血淋漓，直到高高的十字架端端正正地竖立在荷西的墓穴前时，她才又抱着十字架号啕大哭。

到了离去的时候了，三毛一遍一遍地呼喊着荷西的名字，一遍一遍地擦拭着黑如墨漆的十字架。她多么希望荷西能够跟着她回去，像他在世的时候一样，一起手牵手回到他们温馨的小家，一起做饭，一起读书写作，伉俪情深、相敬如宾。

看到肝肠寸断的女儿，三毛的父母也痛不欲生。他们上前拉着女儿，将她从荷西的墓前带走。

三毛早已哭得没有一丝力气了，她仿佛一具没有灵魂的尸体，任由父母强力拖着、架着，一步步挪移着远离荷西的墓穴！不知走了多久，三毛再次回头，墓园一角静静矗立的那个十字架，在烈日的阳光下，是那样醒目，那样刺眼，那样令人心如刀绞。

墓园每天六点准时开门，三毛每天也第一个准时等候在门口！她害怕荷西孤单，她想要天天来这里陪伴长眠地下的荷西，陪他说说话，将心里对荷西的思念全部讲给他听。

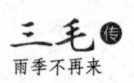

从一排一排的十字架中间穿过，三毛来到荷西的墓前，静静地坐下，低声细语，从早晨到黄昏，直到看守墓园的人过来劝慰三毛，告诉她墓园将要关门了，三毛才沉重地站起身，一步一回头地和荷西告别。第二天，她又会准时地出现在墓园前，重复昨天相同的守候场景。每一天，她还会给荷西带来一束新鲜的花儿，换掉前日枯萎的那些。

看着痛失爱侣、日渐消瘦的女儿，三毛的母亲疼在心上。她除了陪着女儿掉泪之外，还要强打精神，为女儿做一点可口的饭菜。虽然三毛从来没有一丝的胃口，可是心疼女儿的母亲，总是做了倒掉，然后重新再做。

等处理完荷西所有的身后事，到了真正该永远和荷西道别的时刻了。三毛的父母买好了机票，他们要和女儿一起，离开这个让他们万般伤心的地方。再这样下去，三毛会垮掉的。

正午的阳光，静静地照射在荷西墓前的十字架上。三毛跪在地上，一遍又一遍抚摸着高大的十字架，抚摸着十字架上刻有荷西名字的地方，在三毛的感知中，十字架已经成了荷西在阳世的全部化身。

她一次次地俯下身，嘴里轻轻呼喊着荷西的名字，让他在这里好好安息，不要担心，这个世界上永远会有一个叫三毛的人，无论身处何地，无论何时，都会深深地思念着他，在她的内心深处，也永远会为他留一个位置。

终究要离去了！花儿悲泣！风儿低吟！三毛缓缓地从身上

掏出一个小白布口袋，然后将荷西墓前的一捧黄土，轻轻地放入其中。我最挚爱的爱人啊，和我一起离去吧，到一个让我们忘记悲伤的地方。

做完了这一切，三毛缓缓起身，眼泪如断线的珍珠一般，簌簌地落个不停！从此天涯，陪伴她的只有荷西墓前的这一捧黄土了！这浅浅的黄土里面，承载了三毛多少思念和泪水啊！

"荷西，你好好地睡一觉吧！我需要离开一段时间，在中国待上一段时间，我就会回来陪着你！你要记得我，等着我！"

第四章　梦里依稀花落

为了承诺而活着

在这个世界上,有些人,是其他人难以替代的。

荷西去世后,三毛才真真切切地感受到了这句话的含义。当世界上只剩下三毛自己的时候,当她形单影只一个人走在落寞的夜幕下时,三毛才知道,她对荷西的情感,荷西在她心目中的位置,真的是其他人无法替代的。

他们结婚虽然只有短短的六年时间,然而在三毛的生命里,六年时间里每一个和荷西难忘的瞬间,她都记得。从撒哈拉到加纳利群岛,他们很少有过长时间的分离。荷西看不到三毛,就难以安心地工作;三毛没有荷西的陪伴,就彻夜难眠。

三毛还记得她刚到撒哈拉的时候,荷西需要夜间去公司。一个人住在他们租住的房子里,清冷和寂寞将三毛团团包围,几乎让她窒息。

慢慢地,经过两人的奋斗,他们不仅将小家布置得温馨幸福,还购买了汽车,有了代步工具,三毛才得以日日夜夜守候在荷西身边。在动荡战乱发生时,三毛和荷西又从撒哈拉平安撤离,那种劫后重逢的感觉，恍如隔世，同时也更加深了彼此之间的情感。

唯有磨难，才能让彼此更觉对方的珍贵；唯有失去，才知道谁才是生命里最重要的另一半。

当一个人在另一个人的心目中占据着重要的位置时，想要轻易忘记真的做不到，只是轻轻地回首，无数的回忆就可以将大脑填满。

生离死别后，内心万分悲痛的三毛，带着荷西墓前的一捧黄土，和父母一起飞回了台湾。

一下飞机，有很多人手捧鲜花赶到机场迎接她。三毛第一次感受到来自四面八方拍照的闪光灯是如此刺眼，她痛苦地用衣服蒙住脸，失声痛哭起来。

在人潮拥挤的人海里，在被鲜花和掌声包围的海洋里，三毛却感到如此地孤单。没有了荷西，世界的虚名，还有什么实质性的意义呢？每一个前来迎接三毛的人，都希望一睹心目中的女神、才女，可又有谁真正去关心三毛伤痕累累的内心呢？

回到父母家中，三毛强撑的精神终于崩塌了。她一个人静静地躺在床上，封闭在无人打扰的空间里，可是一闭上眼，她的脑海里便会闪现出荷西微笑的模样。

这一段心路历程，三毛在《不死鸟》一书中曾这样写道："许多个夜晚，许多次午夜梦回的时候，我躺在黑暗里，思念几成疯狂，相思，像虫一样地慢慢啃着我的身体，直到我成一个空空茫茫的大洞。夜是那样地长，那么地黑，窗外的雨，是我心里的泪，永远没有滴完的一天。"

父母看着她萎靡不振的样子，也是难过万分。在一次谈话中，三毛突然对母亲说："假如有一天我选择结束自己的生命，希望你们不要惊讶，也不要难过，那样的一个归宿，对于我，或许是最好的一个结局。"

母亲的眼泪一下子流淌了出来，她还能如何安慰她的女儿呢？从小到大，独立要强的三毛，总是做一些常人难以理解的事情；她的感情又是那样地敏感脆弱，依照三毛的性格，她真的会做出那样的傻事。

坐在一边的父亲终于生气了，他几乎以怒吼的腔调对三毛说："你这样说，就是无情无义的表现。你的家人也会因为你的这番话，整日提心吊胆，日日夜夜活在不可知的恐惧中。将来你要是选择了这样一个自我了断的路，那么我就不认你这个女儿，你就是我的仇人，我一辈子都不会原谅你。"

父亲的话，击垮了三毛的心理防线。她何曾想要去自杀呢？只是遭受了重大打击的她，早已失去了活下去的勇气和动力。父亲的话语，又字字在理，作为女儿让两位老人担心，不能为他们尽孝，这又算什么好女儿呢？如果有一天她真的选择以极端的方式离开这个世界，对于父母来说，无疑是一次极为残忍的打击，那样自己的罪责就更大了。

在这段悲伤的日子里，平鑫涛、琼瑶夫妇的关心和抚慰，给了三毛很大的信心与勇气。

早在三毛得知荷西去世的消息之初，还在拉芭玛岛为荷西的离去痛不欲生时，平鑫涛、琼瑶夫妇便以知心朋友的身份给她发去了电报，表示大家都为她心痛，也都希望她能够早日返回台湾。

三毛是什么时候结识琼瑶的呢？

三毛清晰地记得，在她的小弟弟上大学的时候，琼瑶早已是知名作家了，也是三毛崇拜的偶像。后来三毛自己也出了书，成了圈内有名气的人之后，琼瑶注意到了她这个后起之秀，主动将自己的一本名叫《秋歌》的书给三毛寄了过来，在书的扉页上，琼瑶还郑重地签上了自己的名字，并写了一些鼓励三毛好好写作的话语，就这样，两人便相识了。

三毛偶尔回台湾后，就会和琼瑶通电话，方便的时候，也会到琼瑶的家里坐一坐，慢慢地，她们成了无话不谈的好朋友。

这次带着满身伤痛回到台湾的三毛，再一次接到了琼瑶夫妇的热情邀请。虽然三毛再三强调，自己重孝在身，不方便登门拜访，可是拗不过琼瑶执着的邀约，她只好登门拜会了。

晚上，琼瑶和三毛整整聊了七个小时。或者准确地说，是琼瑶整整开导了三毛七个小时。在这漫长的七个小时里，琼瑶的中心意思，就是要三毛向她保证，绝不会有自杀的念头。

最后，三毛抬头望着精疲力竭、神情憔悴的琼瑶，她不忍心再让琼瑶受煎熬了，狠狠心点头说："我答应你，答应你不会选择自杀。"说完后,三毛又痛哭失声,她知道一旦对琼瑶作出了承诺和保证,就再也不能失信于她了。

从琼瑶家里回去后,琼瑶还特意打来电话,在电话中,琼瑶从三毛母亲嘴里得到了三毛也向家里人作出保证的消息后,这才将悬着的一颗心放了下来。

在思念荷西的日日夜夜里,三毛的心情就如她笔下的文字一样,哀怨彻骨:"在一个个漫漫长夜,思念像千万只蚂蚁一样啃噬着我的身体。"有荷西在,地狱也是天堂;没有了荷西,天堂就是地狱。但是想到自己现在所承受的苦痛,三毛还要感谢上天,因为"今日活着的是我,痛着的也是我,如果叫荷西来忍受这一分钟又一分钟的长夜,那我是万万不肯的。幸好这些都没有轮到他,要是他像我这样地活下去,那么我拼了命也要跟上帝争了回来换他"。

"毕竟,先走的是比较幸福的,留下来的,也并不是强者,可是,在这彻心的苦,切肤的疼痛里,我仍是要说——'为了爱的缘故,这永别的苦杯,还是让我来喝下吧!'"

三毛从来没有放下过荷西,岁月有多长,她对荷西的牵挂就有多长。

荷西,让我陪伴在你身边好吗

三毛休养了几个月,其实说是休养,还不如说是被打扰。已经是名人的三毛,被各种无休无止的座谈会、应酬会折磨得精疲力竭,对于这种无奈的社交,她在日记里写道:"我很方便就可以用这一支笔把那个叫作三毛的女人杀掉,因为已经厌死了她,给她安排死在座谈会上好了,'因为那里人多'。她说着说着,突然倒了下去,麦克风嘭地撞到了地上,发出一阵巨响,接着一切都寂静了,那个三毛,动也不动地死了。大家看见这一幕先是呆掉了,等到发觉她是真的死了时,镁光灯才拼命无情地闪亮起来。有人开始鼓掌,觉得三毛死对了地方,'因为恰好给他们看得清清楚楚',她又一向诚实,连死也不假装。"

家里的电话,也随着三毛的回来变得多了起来。每天无数次吵闹的电话铃声,几乎让她发狂。最后为了躲避打扰,她索性拔掉了电话线,才给了自己安静独处的时间和空间。

在家人的劝说下,三毛还曾去东南亚旅游散心。有一次在泰国玩跳伞游戏时,身处半空的三毛,突然感到了一种灵魂被放空的滋味。在蔚蓝的天空下,她就像一只展翅欲飞的青鸟,又像是将灵魂附着在白云上的精灵。那一刻,她又想到了荷西,想到了荷西在临死之前,是不是也是这样的一个感觉呢?灵魂慢慢出窍,慢慢脱离肉体,在天地之中遨游?

只是旅游也无法让三毛彻底从悲痛中走出来。而且作为名人,无论三毛走到哪里,都会被人们关注。缺少了自己独处空间的三毛,想要逃避这纷纷扰扰的尘世,回到荷西长眠的地方,就像当初荷西刚下葬的那段日子,从清晨到黄昏,一个人静静地坐着,和墓中的荷西喃喃细语,说累了,听鸟鸣虫唱,哪怕是忘记了来时的路也好。

几个月后,三毛还是选择了遵从自己的内心,去荷西长眠的地方陪伴他。

1980年5月,三毛告别父母朋友,再次来到了加纳利群岛。

前往海岛的中途,三毛顺便去了一趟西班牙马德里,那里是荷西父母的家。一家人相见,荷西的父亲想起去世的儿子,不由老泪纵横。

婆婆的行为却让三毛倍感寒心。婆婆在三毛整理房间的时候,走进来问她,她和荷西在加纳利群岛的小家是否要处理掉,如果要处理,需要经过她的同意。也许在婆婆看来,她应该能从中分得一份财产,免得三毛将荷西用生命赚来的钱财全部占为己有。

对于荷西,三毛是那样爱恋着;同样,她也希望将这种感情迁移到荷西父母的身上,至于钱财这些身外之物,无须婆婆多费心思。然而这种世俗的念头,非要公开说出来,无形中深深刺痛了三毛。

最后当着荷西家人的面,三毛向荷西的父母作出保证:"妈妈,你不用担心,我可以用生命向你发誓,如果你们想要荷西留下的东西,我都可以给你们,我只有一个要求,将荷西送给我的婚戒留下来……"

三毛终于回到加纳利群岛了,跨越万里之遥的路途,经过千山万水的跋涉,三毛履行了自己的承诺,再次回到了荷西的身边,回到了荷西长眠的地方。

得知三毛回来了,虽然天已经黑了,好心的邻居甘蒂依然不辞辛苦地赶到机场,将三毛接到了自己的家里小住。

三毛在这里相熟的朋友,也都纷纷赶来看望她,大家开启香槟,欢迎三毛回来。但在举杯的那一刻,三毛的眼泪又不争气地滑落了下来。大家尽量安慰着她,开导着她,以使她度过这精神上备受煎熬的第一夜。

第二天一大早,三毛就从邻居家里出发了。她穿着荷西生前最喜爱她穿的一件彩色衣服,手里捧着一束娇艳的鲜花,迎着晨曦,向埋葬着荷西的墓园走了过去。

一路上,三毛的内心百感交集。她感觉这个世界是如此不真实。几个月前,她和荷西卿卿我我,过着幸福甜蜜的日子;几个月后,荷西已经离去了这么长的时间了,除了三毛和三毛的家人朋友，谁又知道这个世界上曾有一个荷西存在过呢？

快要走到墓园了，远远地，三毛就看到了埋葬着荷西的那片土地，她的呼吸开始变得粗重起来，双腿也仿佛灌了铅一般沉重无比，几乎是蹒跚而行。等到了近前，三毛突然鼓足力气，快步奔向荷西的墓穴，手上的鲜花纷纷散落，三毛也全然不顾了。

三毛跪倒在荷西的墓前，伸手抚摸着那个十字架。几个月的风雨侵蚀，曾漆黑发亮的十字架，也有些锈迹了。刻有荷西名字的地方，颜色更是淡了许多，不仔细分辨的话，已然认不清刻的是什么了。

三毛用颤抖的双手将鲜花插好，内心深处却波澜狂涌，犹如万箭穿心一般，痛到不能呼吸。

做完这一切，三毛又从墓园中飞奔出去，她不能忍受十字架上荷西名字风化的现实，她要让荷西的名字依然存在于这个人世间。

很快，三毛就买来了淡棕色的亮光漆、小刷子以及黑色的粗芯签字笔。在阳光下，她静静地忙碌着，将十字架全部油漆了一遍，又郑重地将荷西的名字全部描绘了一遍，尤其是"荷西·马利安·葛罗，安息，你的妻子纪念你"那一句话，三毛描了不知有多少遍了。油漆干了，她又重复先前的动作；困了，累了，她就靠在一边，轻轻地陪着荷西。

记得当时年纪小

你爱谈天

我爱笑

有一回并肩坐在桃树下

风在林梢鸟在叫

我们不知怎样睡着了

梦里花落知多少

在荷西的墓穴跟前,三毛紧紧地闭着眼睛,脑海里循环着这些优美感伤的歌词。

第五章 周游世界的日子

> 世上的欢乐幸福，总结起来只有几种，而千行的眼泪，却有千种不同的疼痛，那打不开的结，只有交给时间去解。
>
> ——三毛

重回家乡的三毛

祭扫完荷西的墓地,三毛又开始处理一些令她心烦意乱的琐事,其中主要是荷西身后的遗产问题。不肯放弃继承权的公婆,一直催促她早日了结此事。

忙忙碌碌的白天过去了,只有在深夜独处的时候,三毛才会明白自己是多么想念荷西。在孤寂的长夜里,听着窗外海潮的冲击声,思念荷西的三毛常常一夜无眠。

三毛内心深受痛苦的煎熬,却更加明白了活着的意义!只要还活着,思念的心就不会停止跳动。在给父母的信中,三毛就生与死的问题写道:"其实人生的聚散本来在乎一念之间,不要说是活着分离,其实连死也不能隔绝彼此的爱,死只是进入另一层次的生活,如果这么想,聚散无常也是自然的现象,实在不需太过悲伤。请相信上天的旨意,发生在这世界上的事情没有一样是出于偶然,终有一天这一切都会有一个解释……

"我们来到这个生命和躯体里必然是有使命的,越是艰难的事情便越当去超越它,命运并不是个荒谬的玩笑,虽然有一度确是那么想过。偏偏喜欢再一度投入生命，看看生的韧力有多么强大而深奥。当然，这一切的坚强不是出于我自己，而是上天赋予我们的能力，如果不好好地去善用它不是可惜了这一番美意？"

伤痛略微平复的三毛，最放不下的是一位潜水员，当日荷西沉在海底时，那名男子冒着巨大的风险，多次下到深海里寻找荷西的遗体。当时三毛只顾着悲伤了，忘记了索要这名男子的地址。她只是依稀记得，男子在岛的北部居住，可是在茫茫人海中，又让琐事缠身的三毛去哪里寻找呢？其间三毛曾试图查询过，也拜托一些朋友打探对方的消息，不过一切都是徒然。他们就像尘世中许许多多擦肩而过的男男女女，一生一世的相逢也只是匆匆一瞥，尔后消失在熙熙攘攘的人群中，永世不见！

三毛多想找到对方，给予物质上的感谢！或者是跪倒在地，感谢他能够让荷西的遗体重见天日！但一番苦寻无果后，三毛只能在心里深深地感谢他，感念他！

这一段忧伤的日子，三毛也将对荷西的思念化作文字，于单薄的笔尖缓缓宣泄出来，这些文字字字泣血，后来集结成《梦里花落知多少》《背影》等书出版。即使今天读来，依然让人感动不已。

在三毛的设想中，她要一直在这里至少居住到1985年，因为按照当地的风俗，五年期满，要重新开棺捡拾亡人的遗骨另行安葬，但台湾文艺界的朋友，一直力邀她回去主持1981年度

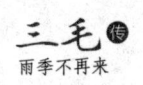

广播电视"金钟奖"颁奖典礼。

对于颁奖活动，三毛并没有太大的兴趣，她的心里，只是牵挂着日益老迈的父母。当她拿起电话和妈妈通话时，原本坚强的她，在听到妈妈那熟悉的声音后，情感的防线突然被亲情冲破了。一年未见了，爸爸妈妈还好吗？三毛当即改变主意，决定启程返回台湾。

回到台湾的三毛，如她所担心的那样，陷入了没完没了的应酬中，有时连回家吃饭的空闲也找不到。一个月后，在三毛的行程安排中，终于出现了几个小时短暂的空当，恰好她当时所在的位置，距离父亲工作的地方也不远，兴奋的三毛直接来到了父亲的办公室。

父亲看到女儿突然出现在自己的面前，也是大喜过望。虽然外面细雨霏霏，父女两个还是饶有兴致地撑着一把伞，行走在台北的街头。路边的小食店和摆放着各色商品的店铺，让三毛找到了儿时的感觉，童心未泯的她，不知不觉间采购了好多奇奇怪怪、充满童趣的物品。当她和父亲抱着一堆物品回家时，出来为他们开门的母亲被吓了一大跳，不过很快就释然了。

对于三毛来说，台北是一个让她又爱又厌的城市，她爱这里的繁华，爱常常落雨的天空，爱一个人漫步在潮湿的街头；然而无休无止的会议、宴会和访问，也让三毛身心俱疲。她望着一张张或熟悉或陌生的面孔，有时不禁暗想：在这熙熙攘攘的名利场中，谁又能体会她背后无尽的孤独呢？没有人能够懂得她对荷西的思念和挚爱，他们两人纯净的爱情，只存在于三毛一个人的心底。

第五章 周游世界的日子

在地球的另一端流浪

　　1981年11月，三毛获得了《联合报》的大力资助，在米夏的陪伴下，开启了为期半年多的中南美之旅。这是三毛在荷西去世后第一次长距离、长时间的旅行，她要用自己的眼睛和心灵，带着喜爱她的读者们去欣赏优美的异域风光。

　　从墨西哥到洪都拉斯，然后是有着"中美洲瑞士"之称的哥斯达黎加，接下来是厄瓜多尔、巴拿马、秘鲁、智利等。在这些国家旅行时，有两件事情最让三毛记忆深刻。

　　一次发生在秘鲁。在秘鲁的古斯游玩时，赶上了雨季，大雨一连下了大半个月，好不容易等到雨停了，三毛和米夏在"失落的印加城市"玛丘毕丘（Machu Picchu）游玩了一天。原本他们接下来的行程是去山下的小村里居住一晚，但莫名的心烦意乱，让三毛决定终止秘鲁之行，改变行程。

　　这一次的小小改动，无形中挽救了三毛和米夏的性命。当两人踏上返回的路途时，突如其来的洪水造成了数百人的死伤，幸运的是，在被洪水围困之前，三毛和米夏坐上了一辆小巴士，成功地逃离了险境。

另一件事发生在阿根廷，这也是三毛中南美旅程的最后一站。在这里，三毛邂逅了一段异国情缘。

在一个名叫"恬睡牧场"的地方，牧场的主人贾莫拉先生看到三毛后，立即被惊呆了，也就在一瞬间，他认定三毛是值得他狂热追求的爱人。贾莫拉带着三毛共骑一匹骏马飞驰在牧场上时，性格热情奔放的贾莫拉一边迎着风策马奔驰，一边在三毛的耳边大喊："你爱我吗？"

三毛哭笑不得，她也大喊道："不爱——"

到了终点之后，三毛从马背上下来，向贾莫拉先生笑着挥挥手，然后转身离开了。她希望自己在贾莫拉的生命里，只是一朵微不足道的浪花，她还有自己想要的未来，但不是在阿根廷。

一路跋涉，千山万水！当三毛坐上飞机时，她知道这大半年的旅程就此结束了。所有的不舍，所有美好的回忆，都将告一段落。再见了，中南美！再见了，安第斯高原！再见了，那纯朴至诚的印第安人！

这次中南美之行，也让三毛了却了一个心愿。原来在她的人生梦境中，三毛一直有一种奇怪的感觉，她是印第安人转世而来的，一些初次和三毛相识的人，也总是爱询问她，为什么她看起来像一个印第安人呢？说的人多了，更加坚定了三毛认为自己是印第安人转世的念头，而这次中南美之行，三毛深入印第安人的领地，和他们近距离接触，她萦绕在心头的执念也

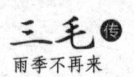

得到了安慰和满足。

1982年5月,三毛回到了台湾,受到了喜爱她的读者朋友们的热烈欢迎。与此同时,三毛的母校,也就是文化学院的校长张其昀先生向三毛抛来了橄榄枝,请她来校任教。三毛非常热爱教育事业,愿意成为一名教书育人的老师,因此她在简单思考之后,就爽快地答应了对方的邀约。

第六章 俗世红尘

  起初不经意的你，和少年不经世的我，红尘中的情缘，只因那生命匆匆不语的胶着。想是人世间的错，或前世流传的因果，终生的所有也不惜获取刹那阴阳的交流。来易来去难去，数十载的人世游，分易分聚难聚，爱与恨的千古愁。本应属于你的心，它依然护紧我胸口，为只为那尘世转变的面孔后的翻云覆雨手。来易来去难去，数十载的人世游，分易分聚难聚，爱与恨的千古愁。于是不愿走的你，要告别已不见的我，至今世间仍有隐约的耳语跟随我俩的传说，滚滚红尘里有隐约的耳语跟随我俩的传说。

—— 罗大佑《滚滚红尘》

站在了三尺讲台之上

1982年9月,三毛站在了文化学院的讲台上,开始了她教书育人的工作。原本三毛希望采取导师制的方式,和三五名热爱文学的学生共同探讨交流。但名气如日中天的三毛,自然是莘莘学子追逐的对象,他们渴望能够亲耳聆听三毛授课。面对着一双双求知若渴的眼睛,三毛选择了妥协,接受了大班制的授课方式。听她讲课的学生,有上百人之多,如果加上旁听的,教室里往往是黑压压的一大群。

授课方面,三毛是热心的,她希望学生能够从她这里学习到有用的知识,每天都要上至少四个小时的课程,尽管她为此精疲力竭,但也乐在其中。有时学生一份两三千字的习作,三毛也要写上同等字数的批语,她的认真和富有耐心,大家有目共睹。

可是在另一方面,渴望有一个安静教书环境的三毛,却常常被世俗的烦恼所打扰。慕名前来讨教的陌生人一拨接着一拨,每天耗费她大量精力和时间的应酬,让她不堪重负,不胜其烦。

三毛曾在《野火烧不尽》一文中，如此描述她这种欲哭无泪的苦恼："这个社会，请求你，给我一份自己选择的权利，请求你，不要为着自己的一点蝇头小利而处处麻烦人，不要轻视教育工作者必需的安静和努力，不要常常座谈，但求自己进修。不要因为你们视作当然的生活方式和来往，摧毁了一个真正愿意为中国青少年付出心血的灵魂。请求自己，不要在一年满了的时候，被太多方式不合适于我的关心再度迫出国门，自我放逐。请求你，不要我为了人情包袱的巨大压力，常常潇潇夜雨，而不敢取舍。不要我变成泥菩萨，自身难保。请支持我，为中国教育，再燃烧一次，请求你，改变对待我的方式，写信来鼓励的时候，不要强迫我回信，不要转托人情来请我吃饭，不要单个的来数说你个人的伤感要求支持，更不能要求我替你去布置房间。你丢你捡，不是你丢叫我去捡；你管你自己，如同我管理我自己吧！"

三毛的这种自我倾诉，正是她内心真实想法的写照，她是一个不肯向世俗低头的人！一个爱说真话的人！

在这段日子里，忙碌成了三毛生活的主题。除了授课和演讲以及必要的应酬外，按照预定计划，三毛还要出版几本书，书名都想好了，分别是《倾城》《谈心》和《随想》，她还要翻译一本英语文学书。除此之外，她还和滚石唱片公司签了合同，为对方创作歌词。

计划已经满满当当，忙得快要让三毛透不过气时，她的朋友和家人又分别生病住院了。

三毛最好的朋友杨淑惠得了脑癌，不得不在医院接受治疗；没过多久，她的母亲因为乳腺癌，也住进了医院。在两家医院奔波照顾的三毛，压力倍增，到了最后，她不得不依靠安眠药入睡。

　　慢慢地，安眠药好像也不管用了，每天睡眠连四个小时都保证不了的三毛，真切地感受到了生命被透支的滋味，发展到后来，三毛累得自己也住院了。她竟然患上了暂时性失忆，为此三毛不得不辞掉教师的职务，也暂时封笔，停止了心爱的写作，入院治疗，休养了一段时间。

失落的感情何去何从

从 1973 年到 1979 年，三毛和荷西走过了六年的婚姻旅程。荷西离世后，三毛孀居多年，多才知性的她，身边从来不乏追求者，甚至还有已婚人士向她求爱。

对来自已婚男士的追求，三毛自然是一口拒绝，她明确表示，无论对方多么爱她，她绝不会介入到他人的婚姻中去。对其他职业的男士表达的爱慕之情，三毛也会慎重对待。比如有位从事广告行业的西班牙男士很喜欢三毛，三毛虽然对他也有好感，但她认为，这种职业的男人，工作中会接触大量的模特，他们的情感是不牢靠的。

有一次，三毛遇到了一位很有眼缘的男性，两人相遇在西班牙马德里的一家咖啡馆里，对方在大学任教，也非常热爱文字工作，是希腊人。

三毛和他攀谈之后，好感顿生。两人原来有着很多共同的话题和爱好，尤其是对文学方面的认同更让他在三毛心目中加了不少印象分。那种惺惺相惜的感觉，让三毛自荷西离世之后，

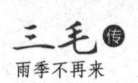

第一次动了心。尤其是深藏在对方灵魂深处的真诚和善良，更让三毛一见倾心。

但三毛不敢轻易向对方敞开心扉。三毛深知，两人萍水相逢，或许只有一面之缘，她还要走向下一个人生驿站，对方也是。他们在擦肩之后，也许就此消失在茫茫人海之中，这段浅浅的相逢，将被潜藏在心灵深处。

然而令三毛想不到的是，第一天和对方互道珍重后，三毛动身前往塞哥维亚，第二天，在塞哥维亚的街头，两人竟然又不期而遇。那种意外的惊喜可想而知。

这一次，他们自然更加深了彼此的认识，相互告知了对方的姓名，三毛得知对方名叫亚兰。亚兰为人热情，很快为三毛买来了简单的食物，那一刻，三毛感觉亚兰是她身边最为亲近的男子。她不由暗想：为什么会对他产生莫名其妙的情愫呢？是因为对方可爱有魅力的大胡子，还是他眼神里温暖的注视？更或者，他在某些地方，和荷西有些相像吗？

那天，当三毛和亚兰一起返回马德里时，亚兰轻轻伸出右手，拉住了三毛柔软的左手。三毛的手微微地动了一下，最终没有拒绝对方。

分别时，两人约定第二天下午五点相见。回到住处的三毛，心里慌慌的。该穿什么颜色的衣服和亚兰约会呢？在寻找合适的衣服的时候，三毛突然停顿了几秒，她知道，她其实已经喜欢上了这个男人。

再次见面，两人一起去看了一场电影。电影散场后，他们又在街边的一家咖啡馆坐了下来。亚兰深情地注视着坐在对面的三毛，下一个瞬间，他变魔术般从身上掏出一块蓝宝石，希望三毛能够收下，并郑重地告诉三毛，蓝宝石是父亲送给他的护身符，希望三毛佩戴后，能够免受灾难的袭扰。

三毛的脸红了，她低声说："我们才见面几次，送这样的礼物是不是……"

亚兰却笑着说："有些人，一次相见，也可以成为永远。"

三毛像是做出了一个重大决定般认真地说："好吧，我收下它，一辈子也不会弄丢它。"

亚兰的眼睛潮湿了，他一字一顿地对三毛说："如果我们能再次相见，就让我来守护你，宠你一辈子。"

情感的闸门被打开了的三毛，再也控制不住自己的情绪，她扑进亚兰的怀里，泣不成声。人生短如白驹过隙，有没有下一次的相见？会不会这一次就是今生的永别？向来敏感的三毛，心内波澜起伏，难以抑制。如果没有下一次，那就让今夜的相遇和相拥，成为记忆中的永恒吧！

寻根之旅，新的开始

1986年夏天，三毛再次踏上了大加纳利岛的土地。这一次，三毛是来向这座岛屿以及岛屿上熟悉的朋友们，做永久的告别的。

到了大加纳利岛之后，三毛做的第一件事情，就是刊登广告，出售她和荷西曾经的爱巢。很快将房屋卖掉的三毛，内心顿感轻松无比。除了出售房屋之外，三毛还将她曾经费了很大力气淘换来的宝贝也略略整理了一下，然后都一一转送给她的邻居和朋友们。

做完这一切，终于到了要离开的时候，她和荷西曾经居住过的这个温馨小家，也将迎来自己的新主人。三毛花费了两天的时间，将屋子里里外外又全部打扫了一遍，还在桌子上留下了一张问候的卡片，送给新来的房主。

最后一晚住在家中的时候，三毛静静地躺在沙发上，想着她和荷西曾经的一切。思绪延展，往事如烟，不知不觉间，天已经亮了。

三毛提着箱子站在屋前，万般愁绪和伤感将她团团包围。再见了，荷西！再见了，大加纳利岛！这里的一切从今以后，都将被她封存在记忆的深处，永远铭记！

1987年，一个如春风般的消息传遍了宝岛，台湾当局准许部分台湾居民回祖国大陆探亲，整个宝岛都为之欢欣鼓舞。有多少人在期盼着这一刻，又有多少人为此等候了小半个世纪的时光，大陆才是中华儿女的根啊！

不久后，一封从浙江舟山寄来的信件，让三毛一家热泪盈眶。当年三毛父亲的同事——倪竹喜先生，邀请三毛一家回大陆看看。三毛得知来信的内容后，没有丝毫的犹豫，当即决定回大陆，去寻找她记忆的根。

这次回乡，三毛还有一个特别的期待。小时候的她，深受张乐平先生创作的《三毛流浪记》的影响，她的笔名三毛，正来源于此。因此在动身前，三毛给张乐平老人去了一封信，她在信中以热情的笔调写道：

"乐平先生：我切望这封信能够平安转达到您的手中。在我三岁的时候，我看了今生第一本书，就是您的大作《三毛流浪记》。后来等到我长大了，也开始写书，就以'三毛'为笔名，作为您创造的那个三毛的纪念。在我的生命中，是您的书，使得我今生今世成了一个爱看小人物故事的人，谢谢您给了我一个丰富的童年……"

这封信,三毛通过她在《长沙日报》工作的外甥女袁志群转交给了张乐平老先生。信中,三毛还以女儿的身份,称呼张乐平为爸爸。此时的张乐平老人虽然在上海的医院里养病,身体虚弱,然而他还是很高兴地让三毛的外甥女代笔,给三毛回了信,期盼早日能够和三毛相见。

1989年,三毛终于踏上了回乡寻根之旅。在上海张乐平老先生的住处,老人得知三毛即将来探望他的消息时,亲自出门迎接。三毛看到老人后,激动地飞奔上前,一把抱住了老人,嘴里不停地喊着"爹爹",眼泪也如泉涌般流了下来。

在老人的家里,三毛受到了张乐平全家的热情款待。三毛在他们家里整整待了三天,在这段时间里,三毛和张乐平老人结下了深厚的友谊,也度过了令双方都毕生难忘的快乐时光。

这次返回大陆,已经是文学界知名女作家的三毛受到了分外的关注,许多慕名而来的人,纷纷希望能够和三毛合影留念。为了不打扰到张乐平一家,三毛便从老人的家里搬了出来,住在了附近的招待所里。

过了几天,三毛想要离开上海,前往其他地方游览。在和张乐平老人道别时,老人再三叮咛三毛,一定要学会照顾自己。实心实意的殷殷嘱托,让泪水又不由盈满了三毛的眼眶。

离开上海后,三毛的下一站是苏州。她到达的时候,正好是夜幕时分,早已对寒山寺倾慕已久的三毛,第一时间来到了这座千年古刹,在古刹之内,三毛感觉自己仿佛可以穿越千年,和盛唐的文人做精神上的沟通。

在苏州盘桓了几日,三毛又动身前往浙江,这里是她这次旅途的最终目的地,也是她"寻根之旅"的主要部分。

当车辆行驶到宁波境内的时候,故乡的人们早已在等候她了。在大家的陪伴下,三毛登上了舟山群岛,家乡的亲人们也热情地围拢上来,一个个和三毛深情相拥。当看到倪竹青叔叔的时候,三毛的泪水模糊了视线,她哭着说:"小时候,我还记得你曾抱过我,谁知一晃就是几十年的时光,让我好好抱一抱你吧!"三毛说完,上前紧紧抱住了倪竹青叔叔,这一次跨越四十余年的拥抱,也感动了身边的许多人,大家的眼里都充盈着激动的泪花。

浙江定海市郊外的小沙乡陈家村,是三毛祖父出生的地方。在乡亲们的见证下,三毛恭恭敬敬地行完了整套祭祖仪式,上香、点烛、跪拜。

祭祖结束后,三毛的心愿已了。临走时,她带走了祖父坟头上的一捧黄土,还有老屋门前水井的一杯井水,在细雨霏霏的早晨,三毛和家乡的父老乡亲洒泪分别。

返回台湾的三毛,将祖父坟前的黄土和老屋门前的井水带给了父亲。或许是父亲年事已高,经不起情绪起伏的波澜,他只是平静地接过三毛手里的东西,没有再多说什么。

　　返回台湾后,三毛也坚持和她的"爸爸"张乐平通信,嘘寒问暖。以至于多年后当张乐平老人得知三毛的死讯时,不由万分痛惜,为失去这样一个"好女儿"而伤心不已。

三毛和西部歌王

1990年的一天,三毛不慎从楼梯上跌落,摔断了肋骨,在这一段被迫休养的空闲期里,三毛趁机开始了《滚滚红尘》剧本的创作。四月份,身体还未完全康复的三毛,依然咬牙坚持着,和《滚滚红尘》剧组一起来大陆拍片。在拍摄间隙,三毛得以抽出时间,在国内又好好游览了一番,嘉峪关、敦煌、吐鲁番、天山、喀什、乌鲁木齐、成都、西藏、重庆等地方,都留下了三毛的足迹。

四月中旬,三毛来到了乌鲁木齐,她之所以在这里逗留,是为了去见一位老人,这位老人是中国乐坛大名鼎鼎的王洛宾老先生。从年龄上看,王洛宾大三毛三十岁,但三毛却一直将老人当作自己精神上的知己。三毛一直非常倾慕王洛宾的艺术才华,在她的记忆中,少女时代的她,就爱哼唱老人所创作的《在那遥远的地方》《达坂城的姑娘》《掀起你的盖头来》等歌曲。每当遇到烦心事的时候,三毛就会不由自主地哼唱这些歌曲,以排解内心的烦忧。

对于王洛宾老人的生平,三毛也多有耳闻。1945年,王洛宾和一位深爱着他的姑娘结了婚,谁知伉俪情深的两人,仅仅过了五年多的幸福生活。1951年冬,他的妻子生病离世了。

从朋友的口中听到这里时,三毛的心不由一动。王洛宾老人坎坷的情感经历,和自己是多么相像啊!她最爱的荷西,不也是离她而去了吗?造化弄人,有情人却难以长相厮守,或许这就是真实的人生吧!

其实在三毛的心里,她早就有去看望老人的念头。冥冥之中,她一直感觉自己和王洛宾老人是那样地亲近,虽然两人从未谋过面,但在精神上,三毛始终将老人当作自己的忘年知己,新疆,已然成了三毛倾心向往想要到达的地方。这一次,三毛得偿所愿,来到了王洛宾老人所生活的城市。

为了和老人相见,三毛刻意打扮了一番。她将自己喜爱的方格长裙穿了起来,一头披散的长发更显得三毛气质优雅,落落大方。经过打探,三毛找到了老人居住的家,站在老人的家门口,三毛深深地吸了一口气,叩响了老人的家门。

门开了,精神矍铄、热情开朗的王洛宾老人出现在了三毛的面前。和照片中一样,老人慈眉善目,一脸花白的胡子写满了沧桑和故事,恰好衬托了老人坎坷的人生过往,但又不失坚毅和昂扬向上的品质气度!这,正是三毛心目中完美的男子!

相见后,王洛宾很快和三毛熟识了起来。王洛宾深情地回忆起他和亡妻之间的感情故事,而三毛,也讲述了荷西在她生命中所占据的重要地位。那一刻，他们发现，对方都是自己最好的倾听者。

在王洛宾家里盘桓了几天的三毛，终于要踏上回去的路途了。王洛宾特意赶到三毛居住的宾馆为她送行，这时一个有趣的场景出现了。原来，宾馆的服务员从王洛宾老人嘴里得知，入住的这名女子，竟然是蜚声海内外的三毛，一时喧哗不已，口口相传，人们很快围拢了过来，很多喜爱三毛作品的读者，还把书拿了出来，让三毛签名留念。王洛宾老人不由震惊了，虽然他知道三毛是一位女作家，可是无论如何也想不到，三毛在年轻人中竟然如此受欢迎，拥有如此高的知名度。

分别时，三毛对老人说，这次拍摄期比较短，她只得暂时离开，不过等到了秋天，她还会再来看望他的。

返回台湾后三毛依旧心绪难平。她的脑海里，一直回放着和王洛宾老人相遇时的场景，她还有一肚子的话语要对老人说，奈何受时间的限制，两人不得不匆匆而别，这令三毛坐卧不安。

从五月到八月，在这三个多月的时间里，三毛和王洛宾老人的通信多达15封。王洛宾老人明显感受到了来自三毛异乎寻常的热忱，回信中，他惶恐地将自己形容为萧伯纳手中的破伞，存在的价值不过是一根拐杖罢了。

三毛却不这样认为，在回信中，她以嗔怪的语气对老人说："你好残忍，让我失去生活的拐杖。"对于三毛而言，她渴望能够和老人再次相见，将埋藏在内心深处的话语，一一"晾晒"

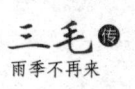

出来，说给老人听。

这一年的八月十三日，三毛和剧组来到北京不久，就独自飞往了乌鲁木齐。三毛做了充足的准备，她随身携带的箱子里，装满了日常生活用品，可见，三毛打算留在乌鲁木齐这座城市，和王洛宾在一起长久地生活。

也许在别人的眼里，三毛的行为太惊世骇俗了，论名气，三毛是享誉华人世界的著名女作家；论年龄，三毛才四十多岁，而王洛宾老人已经七十七岁高龄。他们之间的差距，犹如一道鸿沟，横亘在世人面前。但向来自立自强的三毛，从不在意世俗的目光，她要的是眼里有爱，心里有想念的人，正如当年荷西所给予她的那样。

然而理想和现实之间，又有多远的差距呢？憧憬着美好爱情的三毛，在要下飞机的时候，却被眼前的一幕给惊呆了。

机场上满是黑压压的人群，一大群扛着"长枪短炮"的摄影记者，在三毛还未做出任何反应之前，早已将她团团包围起来。

三毛愣住了！她这次前来，一切都是在秘密的状态下进行的，如果说到准确的行程，也只有她和王洛宾两人知道，莫非是……

三毛的猜想，很快得到了证实。在人群的最前面，王洛宾老人手捧一束鲜花向她缓缓走来。等到三毛惊魂初定，王洛宾老人才向三毛解释，这些记者是他和编导特意邀请来的。原来当时的《新疆工人报》准备拍摄一部有关他音乐生涯的纪录片，他们认为,如果在纪录片中能够有三毛的身影,无疑会极大提升纪录片的曝光度和关注度。

原来如此!三毛弄清了事情的原委,向来不喜欢被打扰的她,内心掠过几丝不快。然而看着满脸期待的王洛宾,三毛还是妥协了,她笑着和王洛宾挽着臂膀,一起走下了飞机。

一番寒暄后,三毛和王洛宾终于回到了他们的住处。在房间里,三毛换上了一套极富民族色彩的藏族衣裙。她想以普通人的身份和老人相处,在尘世之中以另一种姿态平凡地生活,然而无休无止的采访和纪录片摄制组的干扰,让三毛不胜其烦。

当时的三毛,身体不是太舒服,很快病倒在床。王洛宾老人对此一无所知。或许,在感情上,他是一个粗线条的男人;或许,老人太重视这次纪录片的拍摄工作了,因此忙于工作的他,疏忽了对三毛的安慰和开导。

三毛失望了。她没想到,自己理想中的爱情,竟然以这样的方式收场。曾经无比热烈、无比期待的心,在现实面前逐渐冷却。三毛不记得是哪一天了,用餐的时候,她勃然大怒,冲着王洛宾老人发火,不明就里的老人不知所措,只能眼睁睁地看着三毛快速地收拾好行装,飞往莫高窟。

来到莫高窟的三毛,将自己封闭起来,潜心静思。其实,三毛和王洛宾之间存在着巨大的差距,两人比较亲近,也只是出于相似的一段经历。

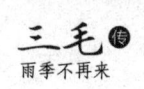

三毛在一番痛定思痛之后，终于放下了自我，脚步也变得轻松起来。两天后，三毛重新返回乌鲁木齐，和王洛宾老人再次相遇时，三毛痛痛快快地哭了一场。没有人知道，这哭声的背后，是三毛向昨日的一种彻底告别。

三毛和王洛宾这段往事，曾是无数人茶余饭后的谈资。三毛真的爱上了王洛宾吗？还是王洛宾有借助三毛增加自我曝光度的心思呢？不同的人，站在不同的角度，会产生不同的看法。

当年曾将王洛宾的故事讲给三毛听的台湾作家司马中原就曾恼怒地说："说三毛爱上了王洛宾，那都是乱说一气。三毛自然不会如此，人们对她的了解太少了，我现在依然在后悔，当年不该将王洛宾的故事讲给她听，以至于一场单纯的相见，却造成了无数的误会，她的善良和好心被利用了。"

三毛的姐姐陈田心在接受采访时也曾说过："三毛把王洛宾当作长辈，但她对长辈表达爱的方式不同，或许人家会以为是男女之爱，而她认为这种情感是源自对艺术创作的欣赏，也是一种长辈晚辈之间的情感传递，没提过两人会变成伴侣。三毛只是希望能给他一些温暖，让他享受人与人之间的互动与情感。"

其实了解三毛的人都知道，三毛是一个非常喜欢交朋友的人。无论在国外求学，还是在撒哈拉以及大加纳利岛居住的时候，三毛都能够和周围的邻居成为无话不谈的好朋友。在三毛的世界里，她轻易不设防线，甚至愿意为对方付出自己的所有。她就是这样的一个人，单纯、热情、善良、美好，这也是和她真正交往过的人的共识。

　　自然，在交往中，三毛对待王洛宾老人也是如此，她敬重他、倾慕他、亲近他。和三毛相熟的人都认为，三毛的所作所为，并不是爱情。在她的眼里，王洛宾正如张乐平老人一样，是父亲、是敬爱的长辈。三毛视对方是心灵的知己，是真正能够懂得彼此人生坎坷的朋友，他们之间，怎会擦出异样的火花呢？

　　只是，当我们今天再回顾这场三毛和王洛宾老人别样的相聚时，只能说，在三毛的思想世界里，或许她更渴望和王洛宾老人有一种灵魂上的交流碰撞，这里面也许掺杂了爱情的成分，可又不是全部。

　　她是三毛，一个在尘世中特立独行的女子。在荷西离去之后，如果说要寻找可以形容三毛后半生最恰当的标签，也许只有"流浪"这两个字了。她生命的形体在流浪，她的灵魂和思想也在世界的各个角落里游荡。每一处都是她停留的驿站，然而每一处驿站，都并不是她生命最后的归宿。她要一直走下去，去寻找能够照亮她生命的那束光。

以另一种生活形式活着

和王洛宾老人告别时,老人并未觉察出三毛有任何异样。在他看来,在短短的半年时间里,他和三毛就有过两次相遇,那在往后的日子里,两人肯定还会有无数再次相见的机会。他不知道的是,这次分别,竟然成了永别。这样一个灿烂如花的女子,最后竟会以一种极端的方式结束自己的生命,留给他和这个世界上无数喜爱她的人,一声长长的叹息。

回到台湾之后的三毛,曾提笔给贾平凹写了一封长信。当时的贾平凹,是内地文坛冉冉升起的一颗"耀眼之星",同时也是陕西作家群中最出类拔萃的一个,是文学"陕军"的重要代表者。

三毛曾拜读过贾平凹的许多作品,尤其是《天狗》和《浮躁》这两部中篇小说,三毛前后看了不下数十遍。信里面,三毛不吝赞美之词。可惜的是,这封信还没到贾平凹手里,三毛就选择了轻生,离开了人世,因此,她写给贾平凹的这封信,也就成了她的绝笔。

1991年1月2日，三毛突然身体不适，住进了台北的荣民总医院。检查之后，医生告诉三毛，她患上的是一种叫子宫内膜肥厚的疾病，病情倒不是太严重，依照医院的治疗水平，只要三毛配合治疗，是有很大希望康复的。

三毛沉默无语，一切都听从医院的安排。很快医院便为三毛做了手术。手术很顺利，医生乐观地表示，康复顺利的话，过几天三毛就可以出院了。此时的三毛，没有任何异样，她平静地对陪伴在身边的母亲说："你回去吧，我没事了，很快就能出院了。"

看到女儿手术顺利，母亲悬着的一颗心也放下了，她交代好三毛休养期间的注意事项，就起身回家了。哪知这是她和女儿的最后一面。

1月4日早晨，医院的清洁女工按照惯例来到三毛的病房打扫卫生。但眼前的场景让她惊骇不已：三毛自杀了。

闻讯赶来的医生也不由惊慌失措起来。经过一番没有任何意义的抢救，他们只能无奈地放弃，承认三毛早已去世多时。

上午10:45，三毛的遗体交由她的父亲陈嗣庆负责。父亲看着面容平静的三毛，不由老泪纵横，泣不成声；三毛的母亲，前一天还和女儿待在一起，怎料在短短的一天之后，两人竟然阴阳相隔，悲痛过度的她，一下子晕倒在地。

三毛的死讯，在短短的时间内，迅速通过电波传了出去。她去世的消息，在第一时间占据了各大媒体的头条。

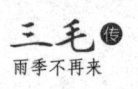

有着"香港四大才子"之一美誉的作家倪匡对此评论说:"三毛的自杀,与肉身的病痛无关,最大的可能是来自心灵深处的空虚寂寞。三毛一直有自杀的倾向。三毛是一个戏剧性很强、悲剧性很浓的人物,三毛是因失去爱与被爱的力量才离开人世的。她对生命的看法与常人不同,她相信生命有肉体和死后有灵魂两种形式。她自己理智地选择追求第二阶段的生命形式,我们应尊重她的选择,不用太悲哀。三毛选择自杀,一定有她的道理。"

这一天下午,上海张乐平老先生的妻子,因为担心丈夫的身体,在得知三毛的死讯后,强忍着巨大的悲痛,暂时将消息隐瞒了下来,过了几天,她才以非常婉转的语气,告知了老先生这一噩耗。老人想着他晚年认下的这位可爱的女儿先他一步离世,也是惋惜万分,痛哭失声。

成为三毛绝笔的那封写给贾平凹的信,在三毛去世后,辗转到达贾平凹的手上。贾平凹手握三毛的来信,不由思绪万千,感慨不已。他提笔连着写下了《哭三毛》《再哭三毛》的文章,以示纪念。

三毛将贾平凹引为生命中的知己,贾平凹也视三毛为他生命的知音。两人在文字上的碰撞,却因三毛的绝笔信,奏成了一曲悲壮的挽歌。

三毛去世的第二天早上,王洛宾老人闭目坐在椅子上,静静地收听着广播。当电波中传来三毛离世消息的时候,王洛宾老人的身体一下子僵住了,他不敢相信这是真实发生的事情。

自从结发妻子离世后,从未有过的心痛再一次向他袭来,一行清泪也缓缓地从老人的脸颊流淌而下。

还能说些什么?还能够以什么样的方式来纪念这段"忘年之交"呢?王洛宾老人清晰地记得,三毛当日和他道别后,他才发现三毛将自己心爱的发卡夹在了吉他的弦上。或许三毛想以这样的方式来向老人表达一种难以言说的情感吧!只是斯人已逝,如果时光可以倒流,如果人死可以复生,相信王洛宾老人会有更多未能明说的话语对三毛倾诉吧!

睹物思人,心潮难平。已是老迈之年的王洛宾,拿起了他许久不曾动过的吉他,在万千追悔的思念中,写下了遥祭三毛的一首情歌——《等待——寄给死者的恋歌》。

你曾在橄榄树下等待再等待

我却在遥远的地方徘徊再徘徊

人生本是一场迷藏的梦

且莫对我责怪

为把遗憾赎回来

我也去等待

每当月圆时

对着那橄榄树独自膜拜

你永远不再来

我永远在等待

等待、等待

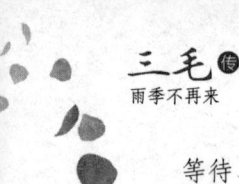

等待、等待

越等待,我心中越爱

三毛的死,让无数人为之心痛,也让无数人为之迷惑不解。为何在大好年华、声名如日中天的时候,选择了自缢呢?多少次艰难困苦,都没能压垮她,难道一场微不足道的疾病就能逼迫三毛走上绝路吗?显然不是。三毛如此决绝地选择和这个世界告别,只是因为她累了。当年荷西离世时,三毛的心就已经死了,这一次,不过是一种形体上的终结。她终于兑现了当年对荷西的承诺,在另一个地方,他们会再次相遇,彼此陪伴。正如三毛对生命的理解那样:死亡,不过是另一种生命形式的开始。

尘归尘,土归土!伊人虽逝,却依然以另一种方式,活在人们的内心深处。